Storia di Agrigento
febbraio 2023

ELIO DI BELLA

AGRIGENTO

NELLA STORIA DEL RISORGIMENTO

1800-1860

documenti inediti

Indice
Vivere e morire a Girgenti al tempo dei Borboni
p. 9

La potente Chiesa locale
26

La vita economica nella prima metà
dell'Ottocento
32

La viabilità
45

Il molo
49

Le condizioni igieniche
60

Le epidemie
68

La criminalità
71

Pubblica istruzione e analfabetismo
75

L'illuminazione pubblica
82

Eppur si muove...
85

La casina Empedoclea
97

Viaggiatori delusi
107

Note prima parte
114

LE RIVOLUZIONI

I Moti Rivoluzionari del 1820-21 a Girgenti
121

Le società segrete
133

I moti rivoluzionari del 1848
146

Cenni sui patrioti esclusi dall'amnistia
197

Il Vescovo di Girgenti e i moti del 1848
216

La Massoneria in provincia di Girgenti nell'Ottocento
230

Palingenesi
234

Arrivano i Garibaldini
237

Girgenti subito dopo l'annessione
272

note al capitolo rivoluzioni
176

VIVERE E MORIRE A GIRGENTI AL TEMPO DEI BORBONI

GIRGENTI CAPOVALLE

Fin dall'inizio il dominio dei Borboni eclissò l'antica dignità di Regno che la Sicilia aveva saputo conquistare nel tempo, riducendo l'Isola ad anonimo territorio di conquista.

Sotto il regno di Ferdinando IV i nobili siciliani erano riusciti a strappare, nel 1812, una Costituzione che rafforzava il loro potere ampliando alcuni privilegi. Ciò anche grazie alle pressioni della Gran Bretagna, sotto la cui protezione si era posto il Re, quando era fuggito da Napoli occupata dalle armate francesi e si era rifugiato a Palermo.

Quando però, grazie al processo di Restaurazione, a Ferdinando IV fu concesso di rientrare a Napoli, questa Costituzione fu annullata e l'8 dicembre 1816, egli riunì in un unico Stato i regni di Napoli e Sicilia con la denominazione di Regno delle Due Sicilie. Abbandonò il nome di Ferdinando IV di Napoli e III di Sicilia ed assunse quello di Ferdinando I delle Due Sicilie. Venne sciolto anche il Parlamento siciliano e il Regio Decreto del 12 dicembre 1816 sancì l'abolizione del feudalesimo. Un anno dopo la Sicilia ebbe anche una nuova divisione amministrativa.

La legge dell'amministrazione civile borbonica dell'11 ottobre 1817 costituì in Sicilia sette Valli (prima l'Isola era divisa in tre Valli: Valle di Mazzara, Val Demone, Val di Noto) che aggregavano 23 distretti, a loro volta suddivisi in 150 circondari che erano costituiti da 350 comuni. Veniva così esteso anche alla Sicilia il sistema amministrativo operante nella parte continentale del Regno dei Borboni, dalla Campania alla Calabria.

I mutamenti prodotti dalla riforma amministrativa del 1817, non sono di poco

conto tanto che si è parlato di "terremoto amministrativo".
Il nuovo regime intende avere un ruolo modernizzante del nuovo apparato statale, garante e promotore dello sviluppo. Alla triade dell'antico regime: sussistenza, beneficenza, culto, la monarchia borbonica, come altre monarchie europee, accettava la sfida dei tempi e la sostituiva con benessere, sviluppo economico, sicurezza. In tal modo giustificava la "razionalizzazione" dell'apparato amministrativo cui affidava prioritariamente la cura dell'istruzione pubblica, delle strade, dell'igiene.
Il maggiore rappresentante politico-amministrativo del governo centrale in ogni Valle è l'Intendente. Le sette intendenze puntano a realizzare nel terri-torio canali di comunicazione ravvicinati tra i poteri locali e lo Stato. Gli Intendenti assumono di fatto il ruolo di controllori per conto del Re nelle realtà locali, ma devono anche saper interpretare ed essere portavoci degli interessi di queste. Essi devono inserirsi nel

gioco politico locale senza restarne prigionieri. Non sempre vi riuscirono.

Girgenti divenne una delle sette valli (le altre furono: Palermo, Messina, Catania, Trapani, Caltanissetta, Siracusa) e comprendeva i distretti di Girgenti, Bivona e Sciacca, ventuno circondari e quaranta comuni. La Valle agrigentina contava complessivamente una popolazione di 223.877 abitanti al momento della sua costituzione.

Il capoluogo Girgenti aveva una popolazione residente di 14.882 abitanti.

Può essere interessante conoscerne la configurazione: la linea di confine all'imboccatura del fiume Platani sale sino a Fontana Fredda, segue il fiume Salito sino al vallone di Milocca, entra con esso tra Racalmuto e i monti Gibellini, passando sotto il fondaco di Sciagliano a nord di Canicattì, incontra il vallone di Gilliesi a San Francesco dell'Albeata, e con esso raggiunge il fiume Salso, con il quale scende sino al mare, che bagna le coste meridionali di questa Comarca. Un territorio di 70 miglia legali e larghezza media di 15 miglia.

L'elevazione di Girgenti al rango di capovalle non poteva non avere effetti importantissimi. La città divenne sede dell'Intendenza (il primo intendente fu il marchese Giuseppe Palermo), di un consiglio comunale (che avrebbe sostituito il Senato e sarebbe stato più ampio) e di una deputazione provinciale, beneficiavano entrambi del riconoscimento di enti morali e i consiglieri erano di nomina regia (venivano scelti dallo stesso Intendente da una lista di eleggibili); ospitò anche un Tribunale e diversi uffici pubblici, come la direzione di posta. Il caricatore di Girgenti diveniva porto di terza classe e sede di una commissione marittima.

Il primo problema da affrontare fu naturalmente quello di reperire nuovo personale politico e amministrativo, destinato a gestire il nascente apparato burocratico. Furono anche costruiti nuovi palazzi per dare una sede adeguata ad ogni ufficio pubblico che presto avrebbe aperto i battenti in città.

E così nel 1817 a Girgenti "concorre uno sciame di gente che, dalle varie parti dell'isola, saliva le nostre vette, onde trovarvi un impiego" ricorda lo storico Giuseppe Picone nelle sue "Memorie Storiche Agrigentine", pubblicate nel 1866, opera fondamentale per conoscere la storia di Agrigento nell'Ottocento e non solo.

Il nuovo capoluogo di provincia mancava proprio di tutto: "i grandi edifici che avrebbero potuto servire per collocarvi l'Intendenza, i tribunali, e gli uffici mancavano, conciossiaché si trovassero occupati dalle famiglie dei frati, che brulicavano in quella città".

Dinanzi alle notevoli difficoltà logistiche in cui si trovò allora Girgenti, le altre città della provincia facevano a gara per strapparle il ruolo di capovalle. Così "nel febbraio del 1820 riunivasi straordinariamente la decuria ed impose dazi, ed eccitò i cittadini a volontarie contribuzioni, onde concorrere alle spese

necessarie per lo apparecchio di quei locali, e cotestoro concorsero, e fra essi il Vescovo Leone con onze 600; diede facoltà allo Intendente di scegliere i migliori palagi dei privati, e, in tutti i casi, obbligò a fondarli di pianta". (1)
Così ad esempio nella casa degli Oblati ebbero sede i tribunali. Ma nonostante questo straordinario impegno, già nel 1822 la città rischiò una prima volta di venire cancellata dal numero dei capovalle, perché aveva partecipato con grande convinzione ai moti insurrezionali del 1821. La minaccia stava per concretizzarsi sul serio nel 1828, allorché il sovrano Francesco I, il 18 giugno di quell'anno, firmò a Portici un decreto che riduceva a sei le valli siciliane "rimanendo abolita la valle di Girgenti" e ciò per ridurre le spese della Corona. Il territorio agrigentino sarebbe stato aggregato parte alla provincia di Palermo e parte a quella di Caltanissetta. Per Girgenti sarebbe stata una grande rovina perché in tal modo essa sarebbe scesa al modesto ruolo

di un semplice comune dipendente da Caltanissetta.

I cittadini di Girgenti rimasero profondamente delusi e amareggiati. In quella circostanza Don Carmelo Celauro, in qualità di sindaco, riunite in cui la Nato di Girgenti e scelse Monsignor Ugo perché si recasse a Napoli per ottenere dal Re la revoca del decreto. Ma Francesco I non intendeva tornare indietro. Pertanto il barone Carmelo Celauro si recò personalmente a Napoli, anche se quella missione gli pesava parecchio. Il barone agrigentino infatti per aver partecipato ai moti del 1820 era stato condannato al patibolo. Provvedimento che era stato revocato poiché Francesco I intendeva tenersi vicini i capi della rivoluzione, dei quali conosceva il grande ascendente sulla popolazione isolana. Grazie all'azione diplomatica del Celauro, il 16 dicembre 1828 il Re revocò il decreto di abolizione della Valle.

Due giorni dopo una statua di Francesco I giunse nel molo di Girgenti per essere collocata nella piazza presso la chiesa di San Giuseppe. Era la riconoscenza degli Agrigentini verso quel Re. La stessa piazza, dal 18 luglio 1829, prese il nome di Piazza della Riconoscenza (dove attualmente sorge il circolo Empedocleo). La statua di Francesco I, realizzata dallo scultore Valerio Villareale, venne distrutta nel corso dei moti rivoluzionari del 1848.

Questi i primi difficili inizi della nuova storia di Girgenti, la moderna Agrigento, al momento in cui si affermò come capoluogo di provincia.

Ma come si presentava la città in quegli anni? Lo schema urbanistico della città nella prima metà dell'Ottocento comprende fondamentalmente ancora, come in epoca medievale, il castello del nucleo arabo, la città normanna o Terra Vecchia ed i borghi incorporati nella cinta muraria chiaramontana.

La Girgenti borbonica era ristretta soprattutto entro tale circuito di mura realizzato dai Chiaramonte, illustre famiglia di cui si può dire Agrigento sia

stata la culla. Federico I Chiaramonte, infatti, sposata nella seconda metà del XIII secolo l'agrigentina donna Marchisia Prefoglio, si fermò in questa città dove nacquero i suoi figli che diedero vita alla più potente signoria feudale della Sicilia dei secoli XIII e XIV. Altre importanti famiglie nobili, furono presenti in città nella prima metà dell'Ottocento e anche loro edificarono palazzi come Montaperto, Sala, Contarini, Gamez, Pujades, Sterlini, Ugo, Del Carretto, Pancucci, Ficarra, Lo Presti, Celauro, Gallo, De Marinis, Ficani, Capizzi, Luparello.
La presenza dei Chiaramonte è stata certamente la più significativa.
I Chiaramonte fecero costruire castelli, chiese, conventi, ospizi, edifici militari, ed anche le mura che ancora si potevano ammirare nella prima metà dell'Ottocento, dal tipico stile detto appunto chiaramontano.
Il circuito murario inglobava, oltre alla cittadella (detta anche Terra Vecchia), i borghi di San Francesco, San Pietro e San

Michele e lasciava fuori soltanto l'antico quartiere arabo denominato Rabato, costituito da una molteplicità di cortili, altane, scale, passaggi.
Le mura chiaramontane ancora nell'Ottocento avevano bisogno di continua manutenzione, perché costruite su terreni franosi. Erano naturalmente dotate di porte che nella prima metà dell'Ottocento segnavano il seguente percorso intorno alla città:
Porta di Ponte costituiva l'ingresso della città. E' però diversa da quella che attualmente ammiriamo, realizzata su disegni dell'artista Raffaello Politi, dopo che quella chiaramontana era abbattuta nel 1868.
Da questo ingresso della città le mura scendevano fino alla prima torre, per poi voltare a sud dove si susseguivano le altre quattro torri che servivano di difesa della città. Sotto la seconda torre si apriva una porta detta del Marchese, dopo la quarta seguiva la porta detta dei Panettieri, anticamente detta "Bellicaudi", corruzione

di un termine arabo che significa Porta del Giudice o secondo altri corruzione di un diverso termine arabo che significa "parte popolata" perché immette nel popolare quartiere di Ravanusella (derivante dall'arabo "Rab" dimora e "Nas" gente qualunque).

Le mura poi voltavano ad oriente fino ad incontrare la porta detta dei Pastai o anche Saccaioli; seguivano fino a Porta di Mare e poi voltavano ad ovest dove si apriva la Porta detta di Mazzara, corruzione del nome arabo "El-Maha-ssar" che significa torchio o trappeto, perché nei pressi vi era una manifattura dello zucchero (è più probabile però che derivi da "Ma 'sarah che vuol dire palmeto).

Successivamente seguivano verso la direzione in cui ancora attualmente si trova l'ex istituto Gioeni (sotto il Seminario), fino ad arrivare all'Hosterium (lo Steri), fatto costruire da Manfredi Chiaramonte (oggi Seminario vescovile), accanto a cui sorgeva la porta detta dei Cavalieri.

Quindi le mura volgevano a Nord seguendo la linea del Duomo sino al Castello (che ora non esiste più e sul suo sito vi è un serbatoio idrico) per incontrare successivamente la Porta Bibbirria, nome che dovrebbe derivare dall'arabo "Bab-er-riab" che significa Porta dei venti. Infine da porta Bibbirria le mura continuavano fino all'angolo della Chiesa di Santa Maria degli Angeli da dove, voltando ad oriente, si ricongiungeva con Porta di Ponte.

Vi si affacciava il piano di Porta di Ponte opera di una livellazione voluta dal decurionato di Girgenti nella seconda metà del Settecento e così detta perché in origine era munita di un ponte levatoio.

Poco fuori Porta di Ponte, nella parte a sinistra, vi erano i cosiddetti stazzunara, modestissimi casolari di figuli (artigiani ceramisti) accanto ai burgi, come vengono chiamati in dialetto i cumuli di paglia che servivano ai figuli per alimentare delle fornaci dove venivano cotti mattoni, brocche, tegole e altre stoviglie.

La zona era ricca di argilla blu, ottima per la realizzazione di stoviglie di creta cotta e stagnata. Nel 1858 a pochi passi dalla Porta di Ponte venne realizzato l'Ospizio di Beneficenza, requisito poi dai garibaldini per ospitarvi le sedi del governatore e della Provincia.

Da Porta di Ponte, lungo l'attuale via Gioeni, saliva una strada rotabile che conduceva sino al Duomo. Fuori Porta di Ponte, nell'attuale piazza Vittorio Emanuele, nel 1837 venne costruita la magnifica villa intitolata alla regina Maria Teresa e successivamente a Garibaldi. Non lontano dall'ingresso della villa (nell'area ove oggi si trova la statua di Empedocle) si trovava la collinetta del Calvario, con le grandi croci, dove i fedeli accorrevano il Venerdì Santo per assistere alle funzioni di quel giorno.

Non lontano si trovavano la chiesetta dedicata alla Madonna delle Grazie e soprattutto l'eremo di San Calogero, il Santo nero per il quale si celebrava a luglio dal Seicento la principale festa religiosa

della città. Solo dopo il 1848 verrà realizzato il viale alberato che oggi prende il nome di Viale della Vittoria e il suo emiciclo, intitolato dopo l'Unità a Cavour (oggi Piazza Caour). Tornando a Porta di Ponte, dalla parte sinistra, dopo la casa Mendolia procedendo verso sud, si estendeva una vallata che per la sua forma veniva detta "La Nave". Nel 1850 il colonnello Pasquale Fleres fece impiantare una villetta, dopo che venne trovata in quella località una sorgente d'acqua. Sovrastava il piano fuori Porta di Ponte la zona della rupe Atenea dove si trovava il convento francescano di San Vito, fatto costruire nel 1432 dal Senato di Girgenti su richiesta del beato Matteo Cimarra e successivamente trasformato in carcere.
Oltre ai Chiaramonte emersero a Girgenti tra la seconda metà del XIII e l'inizio del XV secolo altre nobili famiglie come i Montaperto, baroni di Raffadali, i Del Carretto, baroni di Racalmuto, i Ventimiglia, signori della contea di Geraci, i Doria, i Sala, i Galifi, e altre ancora che

edificarono diversi palazzi all'interno del circuito delle mura. Nonostante ciò il tessuto urbano di Girgenti è poco differenziato.

Nella zona più alta della collina di Atena, su cui si è sviluppata la città medievale, spiccano i più importanti edifici quali lo Steri, la Cattedrale, il Palazzo Vescovile con la biblioteca Lucchesiana, i resti del Castello, il palazzo della famiglia Del Carretto, la Chiesa di Santa Maria dei Greci, il palazzo degli Oblati, la settecentesca Chiesa di Santa Maria dell'Itria e quella di Sant'Alfonso.

Al centro si apre un ampio burrone detto Bac Bac che taglia a metà il colle e ricongiunge la zona più alta con la via Maestra, ossia l'attuale via Atenea. Lungo tale via erano state costruite nei secoli diverse altre chiese e palazzi: la Chiesa di San Pietro, la Chiesa e il Convento di San Francesco, l'Ospedale dei Cavalieri Teutonici, la Chiesa di Santa Rosalia e di San Lorenzo, la Chiesa di San Giuseppe, la Chiesa e il convento di San Domenico, la

Chiesa e il Convento degli Agostiniani, la Chiesa di Santa Rosalia, la Chiesa di Sant'Anna.

Dallo studio del catasto urbano del 1839 è possibile osservare che continuò la ristrutturazione del quartiere del Rabato, prima era costituito soprattutto da abitazioni di tipo troglodita. Sotto i Musulmani infatti la rocca (Acropoli) era stata pazientemente scavata per ricavarne abitazioni che si estesero a nord nei quartieri dell'Addolorata e ad est nella contrada Tre Pietre. Queste abitazioni, del resto, non si limitarono nella zona bassa della collina, ma si diffusero anche su di essa, all'interno, quindi, delle mura elevate negli anni della ricostruzione sotto i Musulmani, tanto che Girgenti era costituita dal Kisn e dal Rabad. La parte murata (Kisn) si sviluppò sulla collina sovrastante il villaggio, allargatosi e divenuto il Rabad. Si compì così, dal lato urbanistico, il passaggio dalla città antica a quella moderna. Le abitazioni vennero nel tempo migliorate

LA POTENTE CHIESA LOCALE.

A Girgenti abbondarono sino al 1860 le chiese (35), i monasteri (4), i conventi (9), contando solo quelli dentro il circuito cittadino. (2)

Ne fa fede anche la descrizione della città del duca di Cracò Francesco Vergara che troviamo in un'opera pubblicata a Palermo nel 1806. "Situata in eminente scoscesa, sette miglia in distanza dal lido, ove è il Caricadore ed il novello Molo, gode i vantaggi di un'aria salubre e di piacevole veduta. Torreggia la Basilica nell'altura, vi ha la sua sede il Vescovo e gli fanno cerchio venti Canonici ed altri trenta Prebendati, tutti con lautissimi appannaggi. Tra quelli con le degnità di Decano, di Ciantro, di Arcidiacono, di Tesoriere. Il magnifico palazzo del Vescovo ne è una continuazione.

San Libertino ne fu il primo Vescovo nei tempi apostolici, ed il Compatriotto S. Gerlando allorché il Conte Ruggieri rinovellò questa sede, su cui splende adesso mons. Saverio Granata Teatino Messinese, dal 1795, pella festività di quel Sabato nella seconda domenica di Pasqua si tiene un assai lucroso mercato per 15 giorni, che serve molto ad animare il commercio interno dell'Isola.

Il Seminario dei Chierici fondato da Mons. Cesare Marullo nel palazzo altra volta dei Chiaramonte nel 1575, ebbe notabile accrescimento del suo successore Bonincontro. Vi si accorse da vari parti ad appararvi l'utili cognizioni, con ispezialità quelle proprie alle persone di Chiesa. Decente è la Casa Civica, è del pari all'altre città del Regno.

Il governo sceglie tra i nobili un Capitano, che veglia sugl'affari di giustizia insieme con due Giudici, e quattro Giurati, pella buona amministrazione dei viveri, e della pulizia, in più della cittadinanza, che in numero dicesi di quasi ventiseimila. Nel Castello presiede alla guarnigione un distinto uffiziale.

Abbelliscono anch'esse Girgenti le Chiese di S. Michele e S. Pietro, aventi i loro curati quella di S. Croce e del Duomo. Su i rimasugli del tempio di Cerere ergesi il bell'oratorio di S. Biagio, ma non vi sussistono gli antichi monasteri dei Cassinesj e dei Cisterzienzi.

Decentissimi vi sono i Conventi e le Chiese dei Carmelitani, l'Oratorio degli Agostiniani Scalzi, l'abbadia Grande di S. Spirito, giusta l'Inveges, fondata dalla moglie di Manfredi di Chiaramonte Conte di Modica nel 1299, le Clarisse di S.M. dell'Ajuto, l'altre di S. Vincenzo sotto il vecchio Castello che soltanto serve di prigione; il ritiro di correzione, lo Spedale, due collegj di Maria, il Monte di Pietà, la Commenda di S. Maria Maddalena un tempo de' Teutonici oggi di Malta" (3)

Occorre comunque osservare che, anche se abbastanza ricca, la chiesa agrigentina come tutte le chiese della Sicilia nel periodo borbonico era una realtà depressa, soffocata dall'alleanza con il trono, dovendo subordinare apertamente la religione agli interessi dinastici. I monarchici, in virtù del regio patronato, avevano diritto sulla nomina dei vescovi.

La Chiesa coordinata alla monarchia doveva svolgere un ruolo di tutela dei cardini della società, di conservazione della famiglia monogamica, di stratificazione gerarchica dei gruppi sociali, di esecuzione degli obblighi della sudditanza politica. I vescovi agrigentini, come gli altri in Sicilia, dovevano indicare alle autorità competenti i nomi dei settari, cioè dei cospiratori politici, se li conoscevano. Non sembra però che i vescovi agrigentini se ne lamentassero. In particolare Monsignor Lo Jacono fu un campione della politica borbonica. In molte occasioni e con diverse lettere pastorali sosteneva le ragioni della monarchia e minacciava il castigo di Dio contro coloro che non obbedivano al Re. Mentre l'arcivescovo di Siracusa, Monsignor Manzo, capeggiava l'opposizione contro l'istituendo tribunale della regia monarchia, che si sostituiva in tutto o in parte alla giurisdizione vescovile, il vescovo di Girgenti difendeva gli istituti della regia monarchia come la legazia apostolica, come prerogativa della colonna, garanzia e prestigio per i vescovi. Chiamato a far parte del Parlamento siciliano durante la rivoluzione del 1848, Monsignor Lo Jacono rifiutò e dovettero condurlo in catene a Palermo.

Non si registrano prese di posizione dei vescovi agrigentini affinché le massime autorità intervenissero per lenire i bisogni dei più miseri. Se proteste c'erano, riguardavano ad esempio quella di regolamentare in città la prostituzione: "si freni il meretricio più che possibile e (...) nelle grandi città si restringa in siti, onde si eviti lo scandalo pubblico" chiedeva il vescovo agrigentino. Per le necessità quotidiane indicava in particolare ai fedeli poveri la sopportazione e l'esercizio delle varie forme di pietà. "Tutti i fedeli si inscrivano alle pie unioni del Sacro Cuore, per lucrarne i favori e le indulgenze" raccomandavano i vescovi siciliani.

Il vescovo Lo Jacono venne insignito del titolo di colonnello ad honorem da Ferdinando II.

Memorabile è l'omelia recitata il primo novembre del 1847, giorno di Ognissanti, nella cattedrale di San Gerlando, e poi diretta a tutti parroci della sua Diocesi ad istruzione di tutti i suoi diocesani. Vi asseriva: "siamo ormai stanchi di parlare di libertà, declamare contro il Re, e compiangere dei popoli che sono oppressi dai Re. Io vorrei sapere se i popoli, che si dicono liberi, nei governi costituzionali sono meglio trattati, se sono più ricchi; se le leggi sono diverse; se non pagano retribuzioni; se i viveri sono più a buon mercato; se non vi sono grandi che opprimono i plebei, che li riguardano come schiavi, mentre i Re per lo più hanno zelo pel bene dei sudditi". (4)

Nonostante ciò come vedremo in varie occasioni, ecclesiastici agrigentini si trovarono a capo (o comunque parteciparono) dei movimenti rivoluzionari risorgimentali o di sommosse

LA VITA ECONOMICA NELLA PRIMA METÀ DELL'OTTOCENTO.

Gli anni compresi tra il 1816 e il 1826 vedono l'Italia coinvolta in una crisi economica europea assai grave. La fine delle guerre napoleoniche e del blocco continentale, che comporta il ripristino di un'attività commerciale non più sostenuta da necessità belliche e l'immissione sul mercato di ampie quantità di merci provenienti dall'Inghilterra determinano in Italia come altrove una massiccia caduta dei prezzi agricoli. La crisi e gli interventi per superarla non solo sono, in generale, un inasprimento delle condizioni di vita dei coloni, dei piccoli coltivatori diretti e dei braccianti agricoli, ma influiscono anche sulle tecniche di conduzione del territorio.
In Sicilia già nel Settecento il marchese Domenico Caracciolo e il principe Caramanico, ministri borbonici, avevano perso la lotta contro il baronaggio e contro le persistenti strutture feudali.

Luigi De Medici, primo ministro sotto Ferdinando I, portò a termine questa lotta abolendo ogni forma di fidecommesso e realizzando la vendita di una parte dei beni ecclesiastici ed il patrimonio del demanio. Tuttavia tali misure suscitarono la forte opposizione degli enti baronali questa può essere considerata una delle cause della partecipazione di questo ceto ai moti del 1820-21.
Le nuove leggi favorirono inoltre non tanto l'affermassi della piccola proprietà, come pensava Luigi De Medici quanto la nascita di latifondi nelle mani della nuova borghesia.
Nonostante tutti gli sforzi di Ferdinando però l'economia dell'isola non decollava e alla base di tutto, come bene scriveva Lucchesi Palli (5), c'era la mancata crescita del mercato finanziario, "Nuovi codici e procedure sono stati promulgati…sono state costruite delle strade…Vari stabilimenti si sono eretti…Ad onta di tutto ciò il paese non progredisce con quella rapidità che a buon diritto si richiede…

Altre cause dunque esistono…e fra queste a mio credere, havvi quella mancanza de' capitali circolanti. Non può sperarsi senza di questo un miglioramento nelle tre sorgenti della pubblica prosperità. La Sicilia non sarà mai né perfetta agricola, né commerciale, né manifatturiera, se pria un'immissione di nuovi capitali circolanti non ne vivifichi il suo stato."

A Girgenti in particolare la persistente debolezza della piccola azienda coltivatrice, povera di mezzi e di capitali, e la crescente proletarizzazione delle masse contadine creavano le premesse di un'aspra conflittualità sociale e politica. Conflittualità che avrebbe limitato, sia pure in forme e con intensità diverse, la possibilità dei latifondisti di appropriarsi della maggior parte dei benefici derivanti dai periodi di crescita dell'economia locale. Complessivamente, nell'Isola, a parte qualche progresso nelle coltivazioni arboree, il sistema agrario dominante restò ancora per molto tempo senza alcuna sostanziale riorganizzazione del territorio.

In questo periodo pochi studi esaminano le condizioni di vita economica in Girgenti e nella sua provincia. Di certo nel momento in cui Girgenti diventa capovalle si afferma un ventaglio di figure sociali di tipo urbano che possono definirsi borghesi (professionisti, pubblici funzionari, quadri intermedi delle forze armate, intellettuali-tecnici, mercanti appaltatori di opere pubbliche, ecc).

Giuseppe Emanuele Ortolani nel "Nuovo dizionario geografico, statistico e biografico della Sicilia antica e moderna", stampato a Palermo nel 1819, alla voce Girgenti scrive: "Il territorio di Girgenti è vastissimo. Vi si rinvengono miniere di zolfo, gessi, stronziane, salgemma, argilla alluminosa, bitumi, piriti di rame e di ferro. Esporta grano, legumi, olio, soda, zolfo e vasi di creta che si lavorano in Girgenti". (6)

Lo storico Giuseppe De Marzo dice che "l'estensione territoriale di Girgenti comprendesi in salme 15108,751 delle quali divise in cultura, 25,874 in giardini, 30,175 in orti semplici, 2,511 in canneti, 657,536 in seminatori alberati, 10156,746 in seminatori semplici, 2991,638 in pascoli, 189,013 in vigneti alberati, 336,078 in vigneti semplici, 671,886 in terreni improduttivi, 5380 in suoli di case". Secondo altre statistiche vennero coltivate salme 8188 nel 1840, 8581 nel 1841, 8581 nel 1842, 8743 nel 1843. Molto poco insomma rispetto alle 20.265 salme che erano in grado di dare buoni raccolti in cereali. (7)

Secondo alcune statistiche vennero coltivate salme 8.188 nel 1840, 8.581 nel 1842, 8.743 nel 1843. Molto poco insomma rispetto alle 20.265 salme che erano in grado di dare buoni raccolti in cereali. (8)

Nel descrivere la "miseria o sufficienza del commercio", in un rapporto del 1840, il Commissario regio Giuseppe Albanese sostiene che " in tutti i ceti per una mediocrità di fortuna lo smercio de' cereali si verifica nell'interno, il commercio con l'estero è venuto meno, la semina in questo anno corrisponde a quella dell'anno scorso" e vengono riportati i prezzi dei generi di

prima necessità: frumenti giustalisa denari 10,80 a salma, detti palmintella denari 9,10 a salma, orzi denari 4,9 a salma, fave denari 3,60 a salma, cacio denari 11 a quinta cacio cavallo, olio denari 16, legni di fuoco denari o,16". (9)
Molti altri rapporti trimestrali del locale governo borbonico ricalcano nel complesso per diversi anni quello sopra riportato e documentano quanta superficialità ci fosse anche in termini statistici, nei rilevamenti fondamentali.
L'economista Molina ci ha lasciato un manoscritto, datato 1 agosto 1843, conservato presso l'archivio della Camera di Commercio di Agrigento, in cui leggiamo: "nessuno ignora che i prodotti della provincia di Girgenti sono esclusivamente relativi alla mineralogia, all'agricoltura e alla pastorizia; e che le esportazioni dei medesimi costituisce quasi tutto il commercio.
Svariatissimi sono poi tali prodotti, al punto che poche località ne offrono forse in maggior numero due, ed io, nel darle la

seguente enumerazione, sono anticipatamente sicuro di ometterne diversi. Comincio coi più importanti: zolfo, grano, mandorle, lana, semi di lino, orzo, fave, olio, pistacchi, cotone, vini, formaggi, soda, carrube, cantaridi, gomma, ceci, sommacco, riso, scagliuola, lenti, liquirizia, gelso, acciughe salate, pelli di capretto, ecc. Oltracciò si rifletta che lo zolfo, come il grano si suddividono in molte qualità; e fra le mandorle vi sono le dolci e le amare, quelle sgusciate, e quelle che si lasciano in iscorza; che la lana è bianca o nera; che il sommacco si vende in foglia o macinato. E tali distinzioni, ed altre di cui non faccio parola, moltiplicano, in certo modo, i summentovati generi i quali sono tutti più o meno abbondanti.

Con tante fonti di ricchezza, pare che Girgenti dovrebbe trovarsi in uno stato di prosperità ognor crescente; e che se si penetrasse nell'interno delle famiglie, si avrebbe a scoprire ovunque non solo il necessario alla vita civile, ma anche il superfluo; e finalmente che l'esterno della città stessa dovrebbe respirare (se così posso esprimermi) un'aria di benessere". (10)

Nel 1839 il governo borbonico cercò di porre rimedio a ciò riconoscendo ai contadini il diritto di provvedere alla semina "con soccorsi di generi e di denaro da richiedere ai proprietari", per favorire le colture estensive ed intensive del grano. Ma l'opposizione dei proprietari vanificò il provvedimento. La via maestra, indiscriminatamente battuta in quegli anni, fu infatti quella della cerealicoltura. Solo un ruolo subordinato, di per sé importante, assunse invece l'intensificazione colturale attraverso la diffusione dell'ulivo e della vite. Pertanto il paesaggio agrario attorno alla città era dominato dalla presenza di "seminativi di piano".

Si è detto poco dell'artigianato e della pesca perché specie in questa prima metà del secolo sono ancora allo stato familiare e sono lontane dal divenire industria organizzata.

Per quanto riguarda le miniere di zolfo, in provincia di Girgenti nella prima metà dell'Ottocento ve ne erano censite ed operanti una settantina e vi lavoravano circa 4000 persone tra capimastri, catasti eri, pesatori, picconieri, carusi (la cui età andava da sei a venti anni), scrivani, guardiani, magazzinieri. Molti sono i testi che illustrano la situazione delle miniere di zolfo in Sicilia e la condizione degli operai e ad essi rimandiamo.

Per cogliere l'importanza per l'economia locale della produzione dello zolfo, riproduciamo un appello di alcuni girgentini al consiglio provinciale di Caltanissetta del 24maggio 1861 sulle ragioni per cui sarebbe opportuno istituire a Girgenti una Corte di appello: "Girgenti ha un molo, una delle tre grandi opere costruire in Sicilia dall'intraprendente Carlo III, opera che costò quattordici anni di lavoro, e mezzo milione di scudi, unico nella riviera meridionale dell'Isola nostra, primo emporio di esportazione di zolfi in tutta Europa.

Il Commercio della provincia nostra, e precisamente sullo articolo zolfo non cede al paragone a quello di qualunque altra piazza commerciale. Lo sbocco delle derrate e delle mercanzie del nostro molo, e la esportazione che se ne realizza, mercè lo approdo di una miriade di legni di tutte le bandiere, appresta alle finanze la considerevole entrata annuale di più che centomila ducati.

Le transizioni civili e commerciali che si stipulano tuttoggi e con ispezialità sullo articolo zolfo vivificano i nostri tribunali, in modo che il numero delle cause fino a 20 maggio di quest'anno siasi elevate alla cifra di 25583, sicchè il nostro foro possa a buon diritto dirsi il terzo fra tutti quelli dell'Isola. Or le cause commerciali, tanto per ragioni di convenzione, quanto per ragioni di eventualità, marittime, come di avarie, di abbandono e altro abbisognano di rapido andamento e celere soluzione, e sarebbe grande sventura per un marino, per un negoziante il correre in appello sì nella Capitale (n.d.r. Palermo) che in un capo

provincia lontano le cento miglia...Perché questo consiglio provinciale non emette anch'egli il suo voto onde una Corte di appello si stabilisca in Girgenti ?" (11)
Stimolati dalla necessità di trovare dei rimedi per i tanti problemi di carattere economico e sociale, anche in Girgenti nacque su iniziativa soprattutto di alcuni borghesi (ma anche di aristocratici e di membri del clero) l'interesse verso una disciplina assai complessa quale quella delle scienze economiche. In realtà, però, un po' ovunque in Italia, discutendo intorno alle problematiche legate a tale disciplina, si trovava la maniera di intervenire e polemizzare su argomenti più delicati di natura squisitamente politica, come ad esempio la libertà dei commerci.
Affermando tale o tal altro principio si venivano a determinare anche i vantaggi e gli svantaggi legati ad un sistema politico anziché ad un altro. Si sostenevano i benefici derivanti dal regime libero e si indicavano i danni che provenivano da regimi retrivi e dispotici.

La Società Economica Agrigentina nacque proprio allo scopo di promuovere l'industria manifatturiera ed il commercio più in generale, come diceva il suo statuto. I suoi membri durante diversi incontri promossi dalla Società si confrontavano sulle diverse ipotesi di sviluppo anche politico-sociale e culturale della realtà locale.

Ne facevano parte gli agrigentini più in vista, che si distinguevano per l'amore che portavano allo studio, ma anche per i notevoli interessi economici che avevano in città, oltre che per non farsi sfuggire le redini del potere locale, comunque esso si caratterizzasse sul momento. Non è certamente un caso che le personalità impegnate in questa Società furono le stesse che poi presero di fatto le redini del movimento di rivolta del 1848 a Girgenti ed anche quelli che tornarono subito all'obbedienza verso i Borboni quando il moto fallì. E con molti di loro il Sovrano fu particolarmente clemente.

Prima di quell'evento comunque i soci di questa Società Economica si distinsero per alcune importanti proposte intese a migliorare le condizioni di vita della provincia. Alcune vennero presentate al re Ferdinando II quando questi venne in visita a Girgenti (l'ultima volta fu nel 1847). Il Re faceva sempre grandi promesse in queste occasioni. Qualcosa fu realizzato, ma molte pratiche iniziative non furono neppure prese in considerazione, come la proposta di un decreto che avrebbe riordinato l'enfiteusi di tutti beni ecclesiastici del regio patronato, dando un po' di respiro all'economia locale e in particolare all'agricoltura.

LA VIABILITÀ

La rete stradale era poco sviluppata e percorribile soltanto nei mesi asciutti, ciò perché la sua manutenzione era affidata in massima parte ai Comuni i quali, essendo sempre deficitarii, non potevano porvi soverchia cura. L'Archivio di Stato di Agrigento conserva molti documenti grazie a cui possiamo seguire le deliberazioni assunte dai Sindaci per migliorare la condizione delle strade interne ed esterne e per realizzarne di nuove. Così, ad esempio, nella primavera del 1827 si deliberava a Girgenti la realizzazione della strada rotabile che da fuori Porta di Ponte doveva "concatinare alli templi, ed indi fin al luogo di Gioeni, ove va ad incontrare l'attuale stradone già formato" (12)
Un'altra strada avrebbe congiunto la città al suo Molo, arrivando dietro la Selva dei Cappuccini. Si sarebbe evitata così la strada che dal ponte (presso l'attuale Villaseta)

arriva sino alla Chiesa dell'Addolorata. Una sorta di raddoppio stradale (13)

Il nuovo stradone che dalla Chiesa dell'Addolorata arrivava sino al ponte e quindi al Molo verrà realizzato nel 1829. Si provvide a togliere "alcuni promontori nella salita di Spinola, con ridurla, detta salita, ad un punto di declivio, da principiare dal cosiddetto ponticello, cioè a terminare nelle terre del signor Garufo, e in piazzale con la terra".

Nel 1832 venne affidata al mastro Giuseppe Bonsignore la costruzione di nuove mura nel circuito di città "per meglio custodirsi il dazio sul consumo del vino". (14) Del 1833 sono i progetti relativi alla costruzione della strada rotabile dal trivio di Bonamorone alla Seta per arrivare al Molo. Al 3 gennaio 1834 datano i provvedimenti per la sistemazione della strada da Porta di Ponte al trivio di Bonamorone.

Del 24 novembre del 1835 è la richiesta di riparazioni della strada dalla Seta al Molo. Il 29 agosto 1838 si registra un intervento dell'Intendenza sulla necessità di realizzare

la strada dal Molo alla Valle dei templi. Il 10 settembre 1837 vengono affidati i lavori per la realizzazione della strada dalla Cappelletta Maria Santissima della Catena alla Chiesa di San Calogero. E molti altri interventi intesi a migliorare la viabilità interna potremmo continuare a citare. Lavori che avevano una particolare accelerazione in occasione della visita dei Sovrani o anche solo del Luogotenente del Regno.
I comuni della provincia erano collegati attraverso trazzere, che solo lentamente lungo tutto il secolo andarono trasformandosi in rotabili e in strade asfaltate.
Fu durante il periodo borbonico comunque che venne definito quel tracciato delle nostre strade provinciali che è stato sino ad oggi, su per giù, ricalcato dalle moderne strade provinciali. In diversi punti del tracciato si trovavano le barriere (i dazi per il passaggio). Ma ancora nel 1851 l'ispettore di Ponti e strade, Visconti, riferì al consiglio provinciale di Girgenti che lo

stato delle strade per Canicattì "è deplorabile, la ossatura discorta o scomposta, le piogge stagnanti per la mala costruzione dei passeggiatoi declivi, i fossi di scolo non più profondi di un palmo, smisurate le frane, le scarpe non sotto l'angolo d'inclinazione che alla natura si addice". (15)

IL MOLO

Voluto soprattutto dal Vescovo Lorenzo Gioeni nel 1763, il Caricatore di Girgenti è nato per sviluppare la commercializzazione dei prodotti locali ed in particolare di quelli dell'agricoltura. Durante il periodo borbonico il Molo di Girgenti era divenuto uno dei maggiori scali per l'esportazione dello zolfo, che in provincia abbondava e che era all'origine dell'improvvisa ricchezza di alcune famiglie agrigentine.
Sottolinea il funzionario borbonico Antonino Lancia: "non s'ignorano le mutate fortune che avvengono in ognuna delle classi che in un modo qualunque vivono da questa industria, e se non è nuovo vedere un modesto borghese divenire in pochi anni ricchissimo produttore e grande proprietario, non è meno un caso ordinario nei comuni vicini alle zolfare ove si domandi di un magnifico palazzo di recente innalzato a sentire che appartenghi a tale

che non era altro che un semplice picconiere o un vetturale trasportatore di zolfi". (16)
Molti dei palazzi che sorsero tra il Settecento e l'Ottocento lungo l'attuale via Atenea vennero costruiti da nobili e meno nobili famiglie che videro migliorare le proprie condizioni grazie alla commercializzazione dello zolfo.
Da una tavola redatta dal Brigadiere addetto alla navigazione del molo di Girgenti, chiamato Pietro Farina, appuriamo che il questo è stato il traffico navale nel porto agrigentino dal 1855 al 1859:

"1855. legni esteri entrati 267; legni nazionali entrati 973; totale 1.240

1856. legni esteri entrati 295; legni nazionali entrati 918; totale 1.213

1857. legni esteri entrati 205; legni nazionali entrati 906; totale 1.111

1858. legni esteri entrati 208; legni nazionali entrati 866; totale 1.074

1859. legni esteri entrati 247; legni nazionali entrati 895; totale 1.142

Totale legni esteri entrati 1222; totale legni nazionali entrati 4.558; totale di tutti i legni 5.780". (17)

Ci aspetteremo pertanto un'attenta gestione di un porto così importante per un settore economico tanto promettente.
Basta invece leggere anche solamente le descrizioni dei viaggiatori per rendersi conto della perenne crisi in cui il molo agrigentino si trovò durante tutta la prima metà dell'Ottocento (e anche oltre).
Un viaggiatore inglese nel 1824 trovò assolutamente fatiscente la struttura del molo e delle altre costruzioni e pose attenzione soprattutto sul male maggiore di cui soffriva: l'infiltrazione di sabbia. Scrisse che questo fenomeno era tale che "un gran numero di carcerati è tenuto lì (n.d.r. nella torre di Carlo V, allora reclusorio, in cui venivano tenuti trecento prigionieri per i

lavori forzati) allo scopo di togliere il progressivo accumularsi della sabbia e per la pulizia del porto".

Venuto nel 1841 Carlo Afan de Rivera annotava che "il danno maggiore consiste nella diminuzione della profondità d'acqua nell'ingresso. Nello stato attuale vi ha appena la profondità di palmi 15 in un canale, per il quale col soccorso di un pilota del luogo debbono passare bastimenti che debbono ricoverarsi nel porto. Né questo passaggio si può tentare in tempo di burrasca, poiché accanto al canale vi sono bassifondi. Per tali circostanze il porto da ricovero a legni sottili ed a quelli di maggior portata quando sono scarichi. Né si può sperare molto profitto
per un continuo cavamento del fondo con un cava-fango a vapore (...) comunque profondo si scavasse, il canale d'ingresso, pure ad ogni traversia le onde agitate lo colmerebbero con le sabbie che seco trasportano". (18)

Nel 1847 alcune opere vennero realizzate, ma non furono sufficienti. Sino al 1848 i condannati ai lavori forzati vennero impegnati dal governo borbonico a tenere netto da ogni interramento il molo.

E dire che spesso la stessa Decuria di Girgenti ha reclamato l'intervento del cavafondo, una nave attrezzata per l'espurgo dei porti. Vi era il Sandalo, cavafondo a vapore e se ne richiese l'intervento al Molo di Girgenti. Si sarebbe avuto così secondo l'Intendente Palizzolo "l'indicibile piacere di vedere espurgato il nostro Porto, e richiamato a novella vita, dandogli tutto il fondo di cui è capace… Quanta riconoscenza dunque non deve la città, la provincia, la Sicilia, al nostro Real Governo, che scrutando con tanto acume i veri bisogni del Paese ci porge così magnifici, così salutari, così opportuni rimedii ?" (19)

Finalmente nel 1852, il Sandalo, l'errabondo cavafondo a vapore, intervenne infatti, ma per pochi giorni e, una sera ripartì per Milazzo, ben prima di completare il lavoro al Molo di Girgenti.

Venne richiesta inoltre inutilmente la costruzione di un nuovo braccio, di nuova banchina, di una diga, ma inutilmente.

Anche la luminosità delle "lanterne" era considerata insufficiente e "i vascelli che arrivano di notte - scrive il nostro viaggiatore inglese - più facilmente confondono questi millantati fari con alcune delle stelle che brillano luminose in cielo e che sembrano contendere (ai fari del porto di Girgenti) il diritto di guida".

Accadde così che il 20 febbraio 1860 "... la bufera imperversava con tutto l'impeto della rabbia degli sconvolti elementi: otto legni esteri si trovavano ancorati sulla strada ad un miglio di distanza dal molo... Oh! Se aveste potuto mirare tutta l'opera di quegli abili marinai per superare l'impeto della furibonda procella: oh! se aveste inteso le grida di dolore e di disperazione al vederci impotenti a lottare con la rabbia dell'infido elemento... ma tutto fu vano poiché essendo questa rada molto ingolfata non vi è mezzo a poter superare l'impeto del vento che li caccia là dentro, né leggerezza di legno o manovra di abile marinaio che possa portar la prora fuori le due punte che chiudono a semicerchio questo golfo". (20)

E pochi mesi dopo, la notte dell'otto novembre 1860, avvenne il naufragio della Martingana. L'equipaggio venne tratto in salvo grazie agli eroici soccorsi della guardia nazionale e di alcuni empedoclini. L'incidente era avvenuto perché la luce del faro era smorzata e altrove era stato acceso un fanale. A seguito di questo incidente il console britannico il 22 novembre inviò una nota al proprio governo nella quale tra l'altro si osservava: "il disservizio che sperimentasi nell'accensione delle lanterne del porto, le quali sono abbandonate, restano quasi sempre al buio con danno immenso dei naviganti, come accadde addì 8 di questo mese, che un legno nel temporale della notte per mancanza di fari scambiò un lume, che vedevasi sulla spiaggia, ed equivocata la rotta, arenò e si naufragò". (21)

La Società Economica agrigentina sostenne per diversi anni la proposta di uno dei suoi

soci più famosi, Sicurelli, che voleva salvare da sicura rovina il molo di Girgenti. Tra il 1839 e il 1843 stese diverse relazioni sulle condizioni del Molo e alcune di queste vennero pubblicate a cura della Società Economica Agrigentina nel 1843.
Sicurelli (che è stato nel 1861 anche il primo sindaco del Comune autonomo del molo di Girgenti, l'attuale Porto Empedocle) in una delle sue memorie sostiene che "per causa dei bassi fondi non possono entrare nei tempi burrascosi i legni di mediocre portata, ma ora è a peggio la cosa ridotta, me ne fa fede quei due Brigantini francesi, che diretti, ai passati giorni, per la nostra Piazza, vi vennero respinti da furioso vento, ed a nostra vergogna dovettero avvedersi che il nostro molo invece è in peggior stato di prima, che in tanto lume di progresso, retrogradiamo.
Fu il gioco forza dar le ancore fuori del Porto, in un mare burrascoso, ed in punti veramente cattivi e tali, che d'ora in ora ne temevamo il naufragio, che se questo non avvenne, ne furon cagione e la fortuna, e la

perizia di que' capitani. Tutto questo avviene per la lusinghiera speranza di trovare un ajuto nel nostro Molo, che ve li fa inoltrare sino all'imboccatura, ove pervenuti non possono più allontanarsi senza gravi accidenti, non possono entrare, perché a cagione dei bassi fondi incontrano pericoli maggiori. Un porto arrivato in questo stato non è più un Porto, e dovrebbe fuggirsi come gli scogli di Scilla e Cariddi". Da vari pericoli erano minacciati anche i legni ormeggiarti nel Porto. Quando spiravano "con qualche empito" i venti di Greco e Levante, osserva ancora Sicurelli, "non essendovi riparo alcuno da impedire la forza de' burrascosi flutti, mettonsi in isconvolgimento quanti legni sonvi dentro". Dal 1850 al 1860 quattordici legni naufragarono presso la nostra costa.
Così, sconsolatamente, Sicurellii conclude che "lo stato attuale del Porto è tale, che è più di danno, che di utile al commercio" e avanzava una serie di proposte per correre ai ripari, garantendo che con la stessa somma che il governo borbonico stanziava

allora ogni anno per il mantenimento del Molo e per il suo espurgo (3600 onze), sarebbe stato possibile in quindici anni dare al Porto la necessaria profondità, costruire un nuovo braccio di cento canne di lunghezza e una di larghezza e realizzare un emissario, una sorta di canaletto che metteva in comunicazione le acque interne del porto con quelle esterne e dava uscita a "quelle poche materie che potrebbero entrare".
Così ancora Salvatore Sicurelli, insieme agli altri componenti la deputazione sanitaria del molo di Girgenti, l'11 gennaio 1861 scrisse al Governatore della provincia descrivendo le condizioni in cui i Borboni avevano lasciato il molo: "il porto è perduto, perduto, perduto. Ha bisogno di riparazioni urgentissime, bisogno di essere scavato, bisogno delle banchine crollanti, di una diga per impedire l'interramento". Nello stesso tempo manifestava tutto il proprio disappunto: "noi siamo stanchi di parlare del porto, di fare petizioni, memorie, rapporti, decurionali,

deliberazione del consiglio, indirizzi sempre ripetendo le stesse cose".(22)

LE CONDIZIONI IGIENICHE

Un quadro assai drammatico delle condizioni igienico-sanitarie della città di Girgenti, tali da giustificare le frequenti epidemie che sconvolsero la città a più riprese, ce lo fornisce nel 1833 il medico Pasquale Panvini: "tutte le abitazioni dei popolari a piano terra sono scavate nella rupe ch'è arenaria conchigliare e perciò sono umidissime... Tutti raccolgono e conservano dentro la propria abitazione sotto il letto… il fimo ... per poscia venderlo in autunno.
Mancando la città di pubblici acquedotti, i cessi delle case consistono in fossi ciechi che tramandano le pubbliche esalazioni nella casa stessa... Le acque piovane che malamente si raccolgono nelle cisterne sono impure e piene d'insetti...". (23)
Gli organi preposti alla sanità erano: il Magistrato Supremo e il Sovrintendente generale di salute. Il primo aveva funzioni

consultive e deliberative, il secondo aveva funzioni esecutive.

Nelle province poi responsabili del servizio sanitario erano gli intendenti. Ogni città aveva una Deputazione di salute.

Tutta questa struttura locale faceva riferimento al Medico Generale del Regno che era a capo di una commissione composta da tre professori di medicina, storia naturale e chimica. Aveva giurisdizione e compiti di vigilanza.

Il medico Giuseppe Serroy proponeva di combattere le epidemie eleggendo "sagge persone di forte animo, cui destinarsi in vari quartieri, affinché avvezzassero il volgo a una migliore nettezza". (24)

Il 22 ottobre 1858 il luogotenente generale borbonico approvò il regolamento del consiglio edilizio della città di Girgenti. Questo consiglio avrebbe dovuto tra l'altro realizzare "i miglioramenti di che la città sarebbe capace sotto il rapporto della salubrità, sicurezza, comodo, ed abbellimento, cioè ampliazione ed allineamento delle strade, formazione di nuove passeggiate, piazze, mercati, abolizione di grondaje esterne, e simili". In particolare per quanto riguarda la salubrità e la sicurezza nelle case e nelle strade la vigilanza del consiglio doveva essere massima ed erano previste multe molto salate per i contravventori. Ma il consiglio naturalmente venne sciolto con l'arrivo dei garibaldini.

Ricorda Francesco Paolo Diana che "prima del 1860 a Girgenti a nessun proprietario veniva in mente il pensiero di far intonacare, arricciare o imbiancare il prospetto della sua casa, di togliere la rugosità o i crepacci dei muri, di costruire un appartamento, un secondo piano. Proprietari, professionisti e impiegati abitavano colle famiglie, anche numerose, in tre o quattro camere. Per molti di esse la stanza di ricevimento era quella da letto. La vita dei nostri padri era casalinga e grossolana. Il contadino possidente viveva in una stanza terrana priva di luce e di aria, insieme col mulo o con l'asino e le galline". (25)

E le condizioni delle misere case dei contadini agrigentini impietosirono anche il Prefetto Albino Albenga che nel 1864 non poteva fare a meno di considerare, nel discorso inaugurale pronunziato dinanzi al Consiglio provinciale di Girgenti, che " invero destano meraviglia e ribrezzo le case squallide, anguste, poco nette, prive non che dei comodi anche delle cose le più necessarie; dove si vedono, direi quasi, ammonticchiati l'un sull'altro e spesso sopra un solo giaciglio persone di una stessa famiglia ma di sesso diverso".

Il rifornimento idrico veniva effettuato tramite barili trasportati da asini; gli acquaioli si rifornivano presso la fontana di Bonamorone e vendevano di casa in casa. Molte famiglie possedevano cisterne per la raccolta dell'acqua piovana. Inutile dire che molte erano le fogne a cielo aperto. Ancora nel 1858 Giuseppe Picone facevano appello dalle pagine del giornale "Palingenesi" affinché "i cannoncini di cui è armata la maggior parte delle case, cessino di vomitare per le strade le lordure interne,

obbligando i proprietari a costruire dei parziali condotti che si immettano in un condotto generale. Da ciò la pulitezza, la salubrità dell'aere, il fugamento delle febbri endemiche, cose tutte che costituiscono il materiale benessere di una città". (26)
Alla costruzione di otto latrine pubbliche si provvide il 9 dicembre 1835, altre dieci nel 1838 ne fece costruire l'intendente Daniele. (27) Ma i cittadini continuarono ugualmente avversare in qualche casolare diruto o sotto le mura della città le deiezioni umane e degli animali.
Si rese necessario varare un regolamento per la pulizia delle strade. Veniva proibito tra l'altro di far "vagare i neri" (i maiali) in città. I contravventori venivano puniti pesantemente: tre ducati e il sequestro dell'animale. (28). Le vie infatti erano sempre "rallegrate" dalla presenza di galline, asini, cani, maiali.
Paradigmatico il caso dell'inumazione.
I cadaveri trovavano sepoltura per quasi tutta la prima metà dell'Ottocento solo nelle tante chiese di Girgenti e in particolare nei

conventi dei Cappuccini e di San Vito. E ciò dopo che erano stati esposti per un'intera giornata dentro le chiese, mentre si tentava anche attraverso l'incenso di attenuare il loro cattivo odore, nonostante che la normativa del 17 marzo 1817 obbligasse i Comuni a individuare un'area per la realizzazione di un cimitero. Ci volle il colera del 1837 a far decidere le autorità ad assumere un nuovo provvedimento che imponeva di costruire un cimitero presso le pendici occidentali della rupe Atenea. Si trattava più che altro di una grande fossa comune, senza mura di cinta.

Ma in realtà Girgenti ancora per diversi anni sarà sprovvista di un adeguata camposanto: sul "Giornale dell'intendenza" del maggio e del luglio del 1840 leggiamo alcune disposizioni sovrane che consentono al Collegio di Maria realizzare sepolture per l'inumazione delle recluse all'interno dello stesso Collegio. Un altro sovrano rescritto, del 6 dicembre 1840, rinnovava la proibizione nelle chiese e nei conventi.

I Borboni cercarono nel 1817 di far funzionare l'unico ospedale di Girgenti, che si trovava sulla strada maestra, nell'attuale via Atenea, ma molti documenti dell'epoca stanno a testimoniare che ogni sforzo si rivelava insufficiente. Pertanto gli agrigentini preferivano invocare San Calogero piuttosto che rivolgersi ai servizi ospedalieri. L'ospedale nell'Ottocento viene descritto nell'opera opera "Viaggio pittorico delle Due Sicilie" dai i viaggiatori Cucciniello e Bianchi. Questi raccomandano a quanti intendono visitare Agrigento di andare a vedere l'ospedale militare giacché "per quel poco che si veda possiamo affermare che tale fabbrica sia di uno stile di architettura tra il gotico e il moresco massimamente la gran porta la quale è bella secondo l'uso di quei tempi.. L'altra porta, e più di tutto le due finestre con le colonnette pare che abbiano assai più del gotico, e sieno state fatta così alla grossa, e senza molt'ordine, vedendosi la porta messa lì in un canto e la finestra di sopra che non le risponde sul dritto".

Oggi quell'edificio è totalmente trascurato e per i visitatori è quasi impossibile ammirarne i resti in particolare la bella porta descritta da Cucciniello e Bianchi. Un vicolo denominato ospedale continua ancora a dirci che qui sorgeva l'ospedale dei Cavalieri militari dell'ordine dei Teutoni. Esso vide la luce nel 1232 quando il Vescovo Urso concesse a quei cavalieri la Chiesa di San Giovanni Battista fuori le mura.

Presto i Cavalieri Teutoni vi annessero un ospizio che svolse anche funzioni ospedaliere. L'ospedale continuò ad esistere per molto tempo. Nel 1543 venne affidato alla confraternita del Santissimo Crocifisso e divenne ente morale. Poi venne gestito direttamente all'amministrazione locale e pertanto divenne l'ospedale civico di Agrigento con ingresso maggiore sulla via Atenea. E' rimasto attivo sino alla prima metà del Novecento.

LE EPIDEMIE

Nel 1832 e nel 1833 un'invasione di cavallette, cui seguì un'epidemia di febbre petecchiale e di colera, provocò migliaia di morti a Girgenti.
Nella relazione "Sulla febbre epidemica petecchiale regnante in Girgenti nell'anno 1833" il dottor Paolo Vassallo e il suo collega Caruso sostengono che il morbo si diffuse "per il consorzio delle persone sane con le infette per trovarsi specialmente in quelli abituri ristretti e non ventilati i quali impedivano la cotanto necessaria rinnovazione dell'aria libera; fu indi il morbo da questi trasportato nelle case delle persone agiate". Diretta conseguenza fu la carestia che portò in quel mese a Girgenti molti poveri dei paesi vicini che "piombarono in questo capovalle per accattarsi il pane, onde riparare alla fame che divorali; - osservavano i dottori Caruso e Vassallo - ma pressati essendo da tanto bisogno dovettero darsi de' giornalieri

sussidi a tal classe d'indigenti, né offrendo la nostra città luoghi comodi e ventilati, bisognarono per molti giorni raccoglierli in locali non perfettamente adatti all'uopo; e quindi cotal circostanza dovette concorrere qual'una delle principali concause a favorire quel fomite che in progresso si è sviluppato. Non posso poi passare sotto silenzio che le sepolture colle esalazioni hanno più d'ogni altro renduta l'aria impura e pregna di deleteri miasmi nocivi all'economia vivente". (29)

Il vescovo, monsignor Maria D'Agostino, il 14 aprile 1833, mentre ancora infuriavano questi luttuosi eventi, fece affiggere un manifesto con cui raccomandava ai fedeli di fare penitenza "onde così placare la maestà di Dio onnipotente, e togliere dalle sue mani la spada del furore, e sta per piombare contro di noi".

Proponeva inoltre il digiuno e tante altre pratiche liturgiche e devozioni "onde così mercè la protezione di San Gerlando, che in ogni occorrenza abbiamo sperimentato" sia possibile porre fine a quei flagelli con cui

Dio veniva punire la città a causa dei malvagi. (30)

Altri invece diffondevano voci allarmistiche, sostenendo che fossero le spie e i militari a "impestare" l'aria diffondendo le epidemie.

Tali epidemie mettevano in risalto tutte le carenze della città, non solo quelle sanitarie, ma anche quelle alimentari, urbanistiche, sociali.

La città aveva sofferto già nel 1793 l'epidemia di febbre continua (31) e quanto avvenne nel 1832-33 e nel 1837 le diede il colpo di grazia. Ma l'esperienza aveva insegnato ben poco, se ancora nel 1867, in occasione di una nuova epidemia di colera, vennero ripetuti i medesimi errori e si assistette ai medesimi orrori.

LA CRIMINALITÀ

Nella città e nelle campagne si perpetrano ogni sorta di delitti e di reati ai danni della popolazione inerme.
Il ministro di polizia marchese Del Carretto il 21 gennaio 1839 emanò un nuovo decreto volendo "provvedere a spegnere il residuo di malviventi e raffrenare la tranquillità pubblica, primo dei beni sociali, col rendere stabilmente sicure le persone il commercio interno da ogni traffico". (32) Con lo stesso provvedimento si elevava in commissione militare il consiglio di guerra di guarnigione della provincia di Girgenti e si richiamava il decreto del 24 maggio 1826 con il quale si applicava la pena di morte ai "misfatti di scorreria in comitiva armata per la campagna, di ricettazione, di aiuto, di favore e di corrispondenza coi suoi componenti".
Il territorio Girgenti era talmente pressato e vessato da un così sovrabbondante numero di delinquenti che "ove il bisogno della

prontezza e dell'esempio lo richieda, la commissione militare deve recarsi a tamburo battente sul luogo per il giudizio e la esecuzione della condanna". (33)

Questo stato di cose si protrasse per molti anni, perché la commissione militare, che inizialmente, come si rileva dal decreto citato, avrebbe dovuto funzionare solo per un periodo di sei mesi, venne riconfermata negli anni successivi.

Un' idea del lavoro dei Magistrati possiamo averla leggendo i dati presentati dal sostituto Procuratore Generale (con le funzioni di procuratore generale del Re) presso la Gran Corte Criminale della provincia di Girgenti, Nicola Morelli, che nel gennaio del 1840, in occasione dell'apertura dell'anno giudiziario osserva che dal 1819 sino a quando si è insediato (27 maggio 1839) "giacevano dimenticati e sepolti" 414 processi e sottolinea che "l'abbandono di tante processure non è senza colpa de' procuratori generali del Re". (34)

Una giustizia dunque indaffarata e lenta.

I mezzi impiegati per la prevenzione e la repressione dei reati erano irrisori.

Si pensi che la vigilanza della campagna era affidata ai Rondieri, che sono soppressi nel giugno del 1839. Si può facilmente rilevare come tale servizio sia inefficiente alla bisogna.

L'istituzione dei guardiani urbani rurali, già esistente, funzionava nella provincia agrigentina con molta lentezza e la delinquenza nelle campagne continuava, perniciosissima.

Gli esattori comunali, i cassieri, i ricevitori ed i percettori di qualsiasi contribuzione pubblica, nel provvedere al versamento di qualsiasi denaro al distretto, a salvaguardia della loro incolumità, sono costretti a richiedere ai capi urbani una scorta delle guardie.

Questo servizio è talmente pericoloso da essere semplicemente disimpegnato dai più volenterosi. I capi urbani, che presiedevano a tale servizio, non potevano obbligarvi forzosamente gli urbani alle loro dipendenza.

La delinquenza non infieriva soltanto sui pubblici cammini, ma anche nelle zone minerarie, iniziando dalle zolfare, nei mulini, nelle fattorie, nelle case rurali.

Essendosi verificato che nelle solfare, nei molini, nelle fattorie, nelle case rurali i proprietari "ammettono dei lavoratori, custodi, ed altri salariati, i quali sono ricercati dalla giustizia per imputazioni di reati ", l'Intendente stabilisce che "i proprietari delle dette solfare, mulini, ecc. ecc. non ammettino le persone le quali non sono munite di un certificato delle autorità locali consistente non solo di non essere i medesimi ricercati dalla giustizia, ma d'essere altresì di buona condotta". (35) E dava disposizioni alle guardie rurali di eseguire visite a sorpresa nelle solfare, nei mulini, nelle fattorie e di redigere un circostanziato rapporto. (36)

PUBBLICA ISTRUZIONE E ANALFABETISMO

La mancanza dell'obbligo scolastico nella concezione legislativa del Regno borbonico e nella prima fase del periodo unitario, insieme alla miseria economica che abbiamo visto così diffusa nell'agrigentino e in Sicilia, oltre che la secolare arretratezza delle classi infime e lavoratrici, non consentivano certamente alla stragrande maggioranza della popolazione di usufruire generalmente dell'importante beneficio dell'istruzione. Oltretutto anche le donne, secondo una mentalità diffusa, venivano tenute lontane dai libri. I fanciulli erano avviati al lavoro sin dalla più tenera età, nei campi e nelle miniere; neppure tra le classi abbienti si sentiva il bisogno dell'istruzione ed esisteva allora la vacua boria di mascherare l'analfabetismo, come si vede leggendo diversi atti pubblici dove spesso compariva la formula "non firma perché nobile".

I re borbonici non si diedero molto pensiero per sviluppare l'istruzione popolare nel loro Regno e in particolare in Sicilia. Basti pensare che dai 126 mila alunni che frequentavano le scuole primarie nell'Italia meridionale alla fine del periodo napoleonico, si passò ai 67 mila nel 1859. Così la percentuale degli analfabeti tra gli uomini era in media dell'85% e tra le donne dell'98,2.

Possiamo quindi immaginare quale fosse lo stato dell'istruzione pubblica nella remota città di Girgenti nell'epoca borbonica. La città aveva solo tre maestri, di cui uno di calligrafia, un direttore e un precettore. Nel 1840 si istituì una scuola di calligrafia, ed una scuola di disegno nel 1850.

A Girgenti, inoltre, tra le istituzioni culturali spiccava il Seminario dei chierici dove, nella prima metà dell'Ottocento, si iscrivevano al primo anno da cento a trecento allievi. Ad esso era annesso il Collegio dei Santi Agostino e Tommaso, fondato da monsignor Ramirez nel 1711.

Venti giovani, scelti ogni anno tra i più meritevoli, lo frequentavano gratuitamente. Vi era poi il conservatorio gioenino, situato in un edificio quadrato a due piani, che deve la sua fondazione alla prebenda del vescovo Lorenzo Gioeni da cui prese il nome. Vi fu erogata la somma di 83000 scudi: per testamento si stabilì che avrebbero avuto gratuita assistenza e scuola 12 vecchi e 72 alunni per studiare grammatica, musica e arti professionali.
Qualche scuola era alloggiata in casa del maestro. Ogni iniziativa legata all'istruzione pubblica era a carico dei Comuni, che, come sappiamo, sono stati sempre senza mezzi. La spesa annuale per il personale insegnante, i locali, le suppellettili all'arredamento e per l'unico inserviente ascende a ducati 472. Una miseria.
Il Comune provvedeva attraverso una Deputazione scolastica costituita In genere da un Soprintendente, un rappresentante del Comune, dall'Arciprete e da qualche altro maggiorente del luogo.

Il ritardo della scolarizzazione e della alfabetizzazione della provincia agrigentina era rilevante in tutti i comuni, rispetto anche ad altre province del Regno borbonico nella prima metà dell'Ottocento. Fra gli anni venti e trenta del secolo XIX esisteva in ogni comune dell'agrigentino una sola scuola primaria e solo 12 erano le scuole secondarie. Il tasso di alfabetismo dei giovani agrigentini coscritti nati nel 1853 raggiungeva appena il 17,30% e in Sicilia era in media quasi del 25%. Solo nel decennio 1848-1858 si registra finalmente un deciso miglioramento. Ma non tanto nella scuola primaria, quanto piuttosto nella secondaria. Nel 1858 si contano infatti in provincia 22 scuole di secondo grado, 7 letterarie, 2 di morale e religione e una di artistica.

Esistevano anche alcune scuole private. Quelle maschili erano 15, di cui otto primarie e sette secondarie e si trovavano in sette comuni della provincia di Girgenti. Ma raccoglievano solo 119 studenti, in genere di famiglia benestante.

Per quanto riguarda le ragazze, quando ebbero la fortuna di andare a scuola, le studentesse agrigentine per molto tempo non poterono comunque accedere alle scuole superiori pubbliche. La loro istruzione consisteva in leggere, scrivere, far di conto, nell'esercitarsi nei lavori "donneschi" e imparare il catechismo.
Essa si svolgeva, lontana da occhi indiscreti, soprattutto nei Collegi di Maria, istituti privati religiosi istituiti nel 1734 dal cardinale Pietro Marcellino Corradini, che vennero diffusi nella Diocesi di Girgenti dal Vescovo Lorenzo Gioeni a partire dal 1745.
Dall'annuario della pubblica istruzione nella provincia di Girgenti (37) leggiamo che nell'anno scolastico 1860-1861 il Collegio di Maria a Girgenti contava appena 20 educande.
Si comincia a parlare di scuole primarie nell'aprile del 1840. Il Re al ministero si degnava di chiedere "lo stato attuale delle scuole, degli alunni che frequentano, degli ostacoli che si sperimentano nell'istruzione e nell'educazione dei giovinetti e di mezzi

che saranno opportuni di adottare per avere un sistema d'istruzione, il quale di buon'ora indichi il sentiero della religione e della virtù". (38) Con il decreto del 10 gennaio del 1843 Ferdinando II consegnava l'istruzione primaria alla esclusiva direzione dei Vescovi autorizzandoli "a destituire i maestri e le maestre delle scuole primarie, a sospenderli e a rimuoverli...".

Il decreto stabiliva inoltre: "Art. 2 - Le scuole saranno di preferenza stabilite pe' fanciulli ne' Conventi e Monasteri, e per le fanciulle ne' Ritiri e ne' Conservatori di donne. Art. 3 - Saranno stabilite altresì scuole primarie, con il metodo di mutuo insegnamento, ne' Capoluoghi di Provincia ed in tutti gli altri comuni che ne avranno i mezzi. Queste scuole saranno nello stesso modo affidate a' Vescovi e da loro esclusivamente dirette per ciò che riguarda la disciplina, co' metodi e libri elementari approvati dalla Pubblica Istruzione (...)". (39) Vi erano infine un discreto numero di precettori, in genere ecclesiastici, che insegnavano a domicilio.

Secondo statistiche dell'epoca il numero degli analfabeti è il seguente: 850 uomini su 1000 e 988 donne su 1000.

L'ILLUMINAZIONE PUBBLICA

L'illuminazione pubblica nella prima metà dell'Ottocento fu una conquista lenta e a lungo agognata. Venne stipulato tra la città di Girgenti e una ditta locale un accordo per assicurare l'illuminazione nelle vie più frequentate attraverso l'accensione di fanali (26 piccoli e 55 grandi). Normalmente questo servizio veniva garantito dalla mezzanotte fino all'alba, tranne nelle serate invernali ed in altre giornate stabilite dal Sindaco, durante le quali poteva venir anticipata l'accensione.
I fanali venivano spenti alle cinque del mattino d'estate, alle sette in autunno e in primavera e alle nove di inverno non per 30 giorni al mese ma solo per 19.
Ci riferiamo ad una delibera del 30 aprile 1832 rinvenuta presso l'Archivio di Stato di Agrigento.
Questo servizio, tuttavia, risultano spesso così scadente che quando si usciva di sera o rincasavano piuttosto tardi, ci si faceva

accompagnare da un servitore o da un familiare affinché portasse una lanterna di vetro per illuminare la via.

Per avere l'illuminazione a gas in città occorrerà attendere sino al 1872. Leggiamo infatti su alcuni appunti del canonico agrigentino Giuseppe Russo (le cui opere sono con ben conservata nella Biblioteca Lucchesiana di Agrigento) che "Girgenti per la prima volta fu illuminata la sera del 6 luglio 1872, quando ricorreva la vigilia della festa di San Calogero allorché convengono in Girgenti gli abitanti dei paesi vicini. Si diede cominciamento all'accensione alle ore 8 p.m.

E la popolazione proruppe in battimani e in prolungati applausi seguendo gli accensori al suono delle bande musicali. L'illuminazione riuscì superiore a quella di qualunque altra città d'Italia per la vivissima e bellissima luce delle fiammelle. L'impresa fu Favier, il cui direttore era Cattaneo e l'ingegnere meccanico il signor Raux". Una dettagliata descrizione dell'evento si può trovare sulla Gazzetta di Girgenti al numero 28 del 1872.

È da notare però che nei mesi seguenti non pochi cittadini lamentarono scrivendo alla stessa Gazzetta il fatto che spesso le fiammelle non resistevano più leggero venticello: le strade di Girgenti restavano al buio e solo la luna tornava ad illuminarle.

EPPUR SI MUOVE...

Dobbiamo attendere il 1850 prima che l'Intendente Palizzolo avviasse alcuni progetti da tempo richiesti per migliorare le condizioni delle strade della città e dotarle di alcuni importanti servizi. Ma i suoi sforzi e quelli della Decuria si scontrarono spesso con i reclami e le opposizioni di molti. Vennero così abbandonati progetti importanti per i quali erano state approvate anche le condizioni d'appalto.
È il caso ad esempio del teatro comunale.
Nella prima metà dell'Ottocento erano sorte due sale teatrali in città. La prima nel piano terra di una casa dell'insigne artista Raffaele Politi, in via Carnevale (oggi via Foderà). La seconda era stata realizzata nel 1854 su iniziativa di alcuni privati ed era costituita da un loggione, una fila di palchi e da una discreta sala. L'intendente Palizzolo nel 1851 voleva erigere un teatro comunale nel piano di S. Sebastiano o presso la casa di un privato (la famiglia Scribani), ma ogni suo

sforzo fallì, nonostante avesse persino deliberato l'acquisto della legna necessaria. Girgenti avrà il suo teatro comunale solo nel 1880.

All'inizio della seconda metà dell'Ottocento venne inoltre decisa la ristrutturazione della Casa comunale, che era ubicata nel sito ove oggi sorge la sede della Camera di Commercio, in via Atenea. Fu questa una delle opere pubbliche più degne, anche in considerazione dell'ottimo lavoro realizzato, come anche oggi è possibile vedere.

L'intendente Mezzasalma aveva invece manifestato l'intenzione di innalzare statue "per decorare i siti più importanti della città", e aveva incaricato diversi artisti, ma anche questo progetto non trovò alcuno sbocco.

Ricordiamo inoltre la costruzione della villa Maria Teresa, un luogo ameno, ombreggiato da molti alberi, ricco di viole di molti altri fiori che venivano innaffiati regolarmente con l'acqua prelevata dalla sorgente scoperta dal colonnello borbonico Pasquale Flores, presso Porta di Ponte, dove lo stesso aveva fatto costruire un giardinetto.

Nell'emiciclo della villa venne posta una statua di Empedocle, opera dello scultore Villareale. Nei vialetti si aggiunsero quattro poste statue di marmo raffiguranti le quattro stagioni. La villa si animò per diversi anni durante la festa di San Calogero, finché la dissennata politica di sviluppo edilizio della seconda metà del Novecento non ne decretò la fine insieme alla bella antica chiesa della Madonna delle Grazie che sorgeva accanto all'entrata della villa.

Molte opere pubbliche vennero realizzate Girgenti dal 1856 al 1860 anche per dare una risposta alla gravissima disoccupazione che minacciava la stessa vita dei cittadini più poveri. Si provvede e così alla pavimentazione di molte strade con il sistema delle rotaie di lastre. Venne lastricata la via Atenea, vennero demolite le casupole dei figuli che deturpavano il piano di Porta di Ponte, venne innalzato il Palazzo di Beneficenza, poi sequestrato da Garibaldi e divenuto sede del Governatore (oggi vi hanno sede la Prefettura e l'amministrazione provinciale). Si realizzò inoltre una delle opere più belle: il viale alberato fuori Porta di Ponte, che oggi va sotto il nome di Viale della Vittoria. Per realizzarlo fu necessario il taglio di parte delle falde della Rupe Atenea. I lavori vennero iniziati nel 1848 per dare occupazione al popolino esasperato. Dal 1850 vennero però impegnati nell'opera soprattutto i soldati del 16° reggimento fanteria borbonico, tagliapietre e muratori impegnati nel taglio della roccia sul lato nord e nel riempimento sul lato sud. I lavori erano diretti dall'aiutante di campo di quel reggimento, Diego Sartorio. Venne anche innalzato il muro da cui è tuttora limita la strada sottostante il viale della Vittoria, nello stesso tempo si procedette alle opere necessarie per la realizzazione di un emiciclo (l'attuale piazza Cavour). Appena quest'ultimo venne completato vi si posero diversi sedili e ogni domenica il presidio

borbonico teneva nell'emiciclo concerti pubblici. Nei pomeriggi vi venivano a trovare riposo i maggiorenti della città e lì dopo i vespri
incontravano i Padri Cappuccini, con i quali si intrattenevano in lunghe conversazioni.
Un notevole sforzo negli ultimi due decenni del Regno borbonico venne fatto per rifornire la città di acqua potabile.
Con fondi reperiti col sistema dei dazi si incaricarono alcuni ingegneri italiani e stranieri particolarmente competenti nelle ricerche idrauliche. "Si cercò sulle prime l'aumento dell'acqua di Bonamurone - scrive Gaetano Nocito nella sua opera intitolata "Topografia di Girgenti e suoi contorni" - indi la formazione di pozzi artesiani; ma l'una non è capace di aumento, né tampoco di salire dentro la città, essendo la sua sorgente sotto del nostro livello, e dei pozzi artesiani parlando, posso dire, che nel nostro sito si incontrerebbero difficoltà insormontabili, dovendo la trivella prima di giungere nei terreni dove l'acqua abbondantemente

trovasi, forare 1200 piedi inglesi solamente per mettersi al livello del mare, e chi sa poi quanto per arrivare nei generali serbatoi d'acqua.

Unica sorgiva che può felicitare Girgenti è quella di San Benedetto lungi quattro miglia verso grecale. La quantità e le qualità di quest'acqua sono ora ben note. Si richiede per farle pervenire in città a una spesa forte relativamente allo stato finanziario della nostra comune, è vero; ma la spesa maggiore in questa impresa è nell'ascensione dell'acqua dalla Spina Santa dentro la città, in modo che basterebbe a noi, e porterebbe grandi vantaggi all'agricoltura ed agli animali, il derivarla, intanto, in quel punto. Ora che le opere pubbliche si fanno con amore di patria e solerzia, non verrà certamente posto in non cale sì interessante progetto".

Ma si sbagliava il dottor Nocito: l'impresa non stava per nulla a cuore ai Borboni e dovette intervenire nel 1847 il Vescovo della Diocesi, Monsignor Domenico Lo Jacono, con un ingente finanziamento per condurre finalmente in città le acque della sorgente del feudo San Benedetto. Altre iniziative comunque nel 1841 si fecero intanto per alleviare la sete, come le opere per raccogliere l'acqua che scorreva nella Rupe Atenea e nella stessa zona si fece un bevaio. (40)

Finalmente nel 1847 si cominciò a parlare della utilizzazione delle acque di Rakalmari. Ma solo nel 1854 grazie ad un'offerta del Vescovo veniva ordinato l'inizio dei lavori della conduttura di quelle acque in città e la popolazione festeggiò l'avvenimento con tre giorni di giubilo. Non saranno però i Borboni a completare l'opera. Sarà un'impresa di Torino, quella di Giovanni Borgetti, nel 1865, che assicurerà alla città una quantità d'acqua da tre a quattro lire al secondo.

Particolare fervore edilizio registra lo storico Giuseppe Picone nel 1858 anno in cui venne anche approvato il regolamento edilizio della Città. Dalle pagine del giornale "Palingenesi" lo storico agrigentino non nasconde la sua soddisfazione per il gran movimento che si nota in città: "Il cominciamento di quest'anno ci prometteva un prosperevole avvenire nella patria nostra. Qui le opere pubbliche hanno ricevuto tal movimento, da render men tristo l'aspetto esteriore della città nostra, e da influire potentemente al benessere di tutti noi. Si lavora a tutt'uomo al completamento della casa comunale, la quale nel suo disegno presenta un edificio di forma gotica.

Si comincerà tra breve la continuazione del sagrato, dalla chiesa di Santa Rosalia a quella di San Sebastiano, e ce ne lusinghiamo, perché sono solennizzate le forme preventive all'appalto.

Si sono demolite le ruvide casupole de' figuli, le quali deturpavano il piano di Porta di Ponte, e rendevano squallida la più bella parte della città nostra. Si erge la nell'area di quelle rovine un magnifico palazzo, l'ospizio di pubblica beneficenza, e sarà piantato, formando un angolo ottuso con opposta muraglia di Porta di Ponte.

E qui ci piace annunziare che appena cominciati gli scavi alla profondità di pochi palmi, si è trovata una cinquantina di ossame, di ruvidi sepolcri di creta cotta, e moltissimi vasi di varie forme. Lode al nostro intendente cavalier Vanasco, che ha saputo dare spinta potentissima a questa grande opera, mal grado gli urti degl' interessati (...) Si lavora nel famoso acquidotto di Rakalmari.
Si sono già allacciate quattro sorgenti del ricettacolo generale. Belle e solide costruzioni! Si è compiuto uno dei ponti-canali a due archi detto del Bajo; un altro più piccolo detto dei Granarelli ad un unico arco è anch'esso compiuto, un altro detto del Pantano, a quattro archi, presso al suo compimento.
Un depuratorio sorge nel quadrivio della strada che conduce a Palermo. Si sono gittate le basi del grandioso Castello dell'altezza di 120 palmi, che dovrà sorgere a quadrivio Spina Santa, e si è ammonito l'intero materiale lungo la linea del condotto.

I lavori però sono stati interrotti, nel corso di due anni, e per ragioni di stagioni, e per ragioni di non essersi potute prevedere. Speriamo adesso che si ripiglino con tutta alacrità, accrescendo le ciurme dei lavoratori, e distribuendole in vari siti di quest'opera memoranda. È il desiderio nella speranza di un popolo sitibondo, che non sarà per certo defraudata, sotto la tutela di chi governa questa città, e la provincia nostra". (41)
Mentre si costruivano nuove opere, altre però languivano. E ciò che denuncia lo storico agrigentino Francesco Paolo Diana, che così descrive le condizioni del piano di San Domenico durante il regime borbonico: "quel piazzale che si denominava piano San Domenico è ingombrato da fabbricati sconnessi e di vecchio colore, che costituivano una confusione di curve, di angoli e di stretti tortuosi, i quali lasciavano angusti passaggi per le vie adiacenti (...).
Erano dal lato nord, e sono tuttavia esistenti, la grande chiesa di San Domenico, la più grande delle numerose chiese di Girgenti,

dopo quella monumentale di San Gerlando, il convento dei monaci domenicani, trasformato in palazzo del municipio dopo la soppressione degli ordini religiosi, e le due viuzze delle Orfane e del Teatro. Dal lato est erano il convento dei padri filippini e due botteghe contigue, che attraversavano la via principale presso la casa Sileci, tra il vicolo Vullo e il muro del convento, e che lasciavano un angusto passaggio. A sud ovest esistevano la chiesa di San Sebastiano e il fabbricato di San Giovanni di Dio, il quale pure si denominava del Trentatrè, che si estendevano alla casa originaria di Politi, oggi grande palazzo, che fu proprietà del senatore De Luca, e formavano un angolo e uno stretto, che sboccava nella via Sferri, oggi Garibaldi. In quel luogo erano due chiese, due grandi conventi e un ricovero di donne, e prima era un conventino di padri agostiniani.

La chiesa di San Sebastiano, che aveva la porta verso il piano che ne conserva il nome e occupava gran parte del piazzale, fu demolita nel 1838; il fabbricato di San

Giovanni di Dio, un tempo conventino detto di San Sebastiano, che fu abolito nel 1785, è adibito prima per ricovero delle orfanelle di San Giovanni di Dio e poi come asilo di donne nubili povere di condizione, fu espropriato per deliberazione del Consiglio comunale del 1 luglio 1864, demolito, rifabbricato, allineato con la via Garibaldi, e trasformato in un locale scolastico nel quale presentemente è un corso di scuole femminili elementari". (42)

LA CASINA EMPEDOCLEA

Uno degli interventi più validi realizzati in via Atenea dal governo Borbonico nel secolo scorso è certamente la Casina Empedoclea (oggi circolo Empedocleo).
Fu dapprima luogo d'incontro degli impiegati dapprima e successivamente della borghesia liberale.
Correva l'anno 1835 quando alcuni notabili di Girgenti maturarono l'idea di dare una svolta ai loro noiosi pomeriggi e di realizzare una Casina di compagnia (come allora erano detti simili ritrovi) in cui incontrarsi per dedicarsi ad oneste conversazioni e scacciare i pensieri del giorno con un mazzo di carte o inseguendo la ruota di una roulette.
La realizzarono acquistando dal proprietario dell'immobile, il nobile An-tonio Vullo, un preesistente locale che funzionava come caffè degli impiegati a piano terra e il piano superiore. Lo riadattarono secondo le loro necessità

ottenendo un finanziamento da parte dell'amministrazione comunale.

Il disegno del nuovo edificio in cui vide la luce la Casina venne realizzato dal più celebre artista agrigentino di quel periodo, Raffaele Politi. Sua è la facciata che ancora oggi ammiriamo. Anche questa realizzata a spese del Comune.

Documenti e atti notarili conservati presso l'archivio di Stato di Agrigento ci dicono, infatti, che i lavori vennero affidati al capo mastro Giuseppe Bonsignore. Costo complessivo dell'opera 400 onze.

Il nuovo circolo venne a riempire lo spazio del piano della Riconoscenza (oggi piazza San Giuseppe), dove qualche anno prima gli agrigentini avevano posto una bella statua raffigurante il Sovrano Francesco II, che era stata realizzata dallo scultore Villareale.

La ristrutturazione dell'immobile iniziò il primo settembre 1835 e durante i lavori venne redatto lo statuto di fon-dazione del nuovo sodalizio.

Furono in particolare Don Agostino Lombardi ed il vice console francese Luigi Granet a sponsorizzare, come diremmo oggi, l'iniziativa.
La finalità principale per la quale venne alla luce è tutta contenuta nel primo articolo dello statuto (stampato a Palermo nel 1835): "i soci, comportandosi con la solita loro decenza trattenendosi nel casino, procureranno di non entrare in discussione per oggetti estranei allo scopo della società che deve consistere in una onesta conversazione diretta a discorsi piacevoli e letterari, evitando qualsiasi anche equivoca espressione, e qualsivoglia discorso che possa ledere il Governo, il buon costume e la decenza". Con una serata di gala si inaugurò la Casina.
Quel giorno erano presenti le più alte autorità del Capovalle: l'intendente Giovanni Daniele, il comandante Col. Giovanni Pucci, il giudice della gran corte criminale Dott. Giuseppe Bordonaro, il giudice del tribunale civile Baldassare Piazza, i componenti la deputazione

Agostino Lombardi, Ippolito Caruso, Maurizio Contarini, Vincenzo D'Amico e tanti altri nobili e possidenti, in alta uniforme o negli abiti delle grandi cerimonie. Erano accompagnati, naturalmente, dalle consorti, dai figli e dai parenti più stretti. Fu il primo di una lunga serie di balli e di serate di gala. Ma la Casina si distinse anche per dotte conferenze, per serate artistiche e musicali e per molte altre iniziative che, specie alla fine dell'Ottocento, destarono anche qualche preoccupazione in città, come in occasione di alcune conferenze sul divorzio o per ricordare Giordano Bruno.

Ospitò il Sovrano Ferdinando II e la consorte in visita a Girgenti, ma anche i garibaldini Bixio, Menotti, e Dumas. Accolse i principi Amedeo di Savoia ed Umberto e molti artisti celebri che facevano tappa a Girgenti perché impegnati in qualche manifestazione al Teatro Regina Margherita. Ed anche scienziati, uomini politici, illustri viaggiatori arrivati in città per qualche impegno o per qualche vacanza. Fu insomma per molto tempo il salotto buono della vecchia Girgenti, quello in cui accogliere gli ospiti più importanti.

VIAGGIATORI DELUSI

Il danese Federico Munter, massone teologo luterano mandato in missione in Sicilia dall'ordine della Stretta Osservanza, per diffondere i principi della società segreta, nel suo diario di viaggio nel 1785 racconta il suo arrivo a Girgenti e non può fare a meno di mettere a confronto le tristi condizioni in cui versava il centro abitato con i magnifici resti dell'antica Akragas. Dopo avere descritto le pessime condizioni della maggior parte delle case e delle strade che occupano la collina, il teologo luterano esclama: "al loro posto la veduta sopra l'intera contrada tra l'attuale Girgenti e il mare e sulle sparse rovine, è una delle più belle che io abbia giammai veduto".
Non fu il solo in quegli anni ad avere una simile impressione. Al principe di Biscari, Ignazio Paternò, arrivato a Girgenti intorno al 1815, la città apparve ancora più brutta, tanto da non degnarla di alcuna considerazione e di suggerire ai viaggiatori

di tralasciare di entrarvi e di dedicarsi solo alla visita dei templi, giacché "se Agrigento fu una delle più cospicue città della Sicilia per le magnifiche sue fabbriche, oggi però appena potrà il viaggiatore darle il luogo tra le mediocri". (43)

E il principe suggerisce a chi arriva sino a Porta di Ponte di tralasciare di entrare in città e di dirigersi verso mezzogiorno "e là troverà immensi campi coperti di sepolture cavate nella viva rocca". Come Munter, il principe siciliano ammira della Girgenti del tempo solo la Cattedrale e la Biblioteca Luccchesiana.

Nicolò Palmeri nel corso del viaggio compiuto nel 1827, che descrive nelle sue "Memorie sulle antichità agrigentine" (stampato a Palermo nel 1832), abbandonando la Valle dei Templi, si lascia andare ad una mesta considerazione: "nel considerare quei campi ora descritti, e quelle maestose rovine, non puoi fare a meno che non vegghi col pensiero l'antico esser di quel contado, di quella città, di que' delubri, di quegli edifizi; ed al tempo stesso non si affacci alla mente la lunga serie di calamità cui soggiacque Agrigento; che rendono ragione della misera condizione attuale di quella opulentissima città".

Il barone Gonzalve de Nervo, guardando dalla parte della vecchia città con il suo bianco ventaglio di case, esclama anche lui: "c'est effervissant!".

I dottori Paolo Vassallo e Caruso ebbero invece la possibilità di entrare in parecchie di quelle case e di vedere quindi molto da vicino la Girgenti della prima metà dell'Ottocento. I due scienziati misero il rilievo che la città non offriva: "luoghi comodi e ventilati".

Gli "abituri sono ristretti" scrissero nella loro relazione e pertanto durante la diffusione di una grave epidemia la campagna era certamente da preferire alla città. L'intera struttura urbana infatti sembrava favorire la diffusione di casa in casa e di via e di via in via di epidemie, proprio perché le condizioni abitative in cui si svolgevano le misere esistenze di molti agrigentini erano davvero molto precarie. I due medici arrivano a queste conclusioni dopo una lunga permanenza a Girgenti dove erano stati chiamati in occasione della diffusione della febbre epidemica petecchiale nell'anno 1833 per soccorrere i molti malati.

I ristretti abituri di cui parlano i due medici erano i tristemente famosi catoj, presenti in buona parte del centro storico e soprattutto nel quartiere del Rabato, antico quartiere arabo che sorge nel pendio estremo occidentale della collina su cui poggia Girgenti. Qui gli arabi nel nono secolo scavarono nella viva roccia molte abitazioni troglodite che dal XV secolo in poi (soprattutto nella zona settentrionale del Rabato) andarono modificandosi in più salde strutture murate, i cosiddetti casolini.

Accanto ad essi sorgevano le altre abitazioni delle umili classi della città, per esempio i catoj, appunto. Si tratta di un genere d'abitazione così descritto dallo storico siciliano Giuseppe Pitrè: "Il catojo è il tipo classico d'abitazione cittadina, dove a lato o sopra l'uscio di entrata una finestra

la luce ed aria alla stanza allorché quello è chiuso. Letto, tavolo da mangiare, da lavorare, da riporvi ogni cosa che non abbia posto, con il suo cassetto contenente cucchiai di ferro, qualche volta di legno, forchette, coltelli, vi figurano insieme con un canterano (quale se ne abbia), alto, con cassettoni per la biancheria e qualche veste di famiglia, sul quale è luccicano delle chicchere, coperte, da settembre in su per tutto l'autunno, da mele, o mele cotogne, o melograno, in attesa di maturità e con la prospettiva di un po' di odore. (...)
Dalle pareti pendono qualche volta quattro (non più né meno) cornici con pianci, immagini, stampe rappresentanti scene diverse. V'è il pozzo per l'acqua sorgiva, o la cannella (cannolu) per l'acqua corrente; e sotto una pila in muratura, o in ardesia, o in legno per il bucato o per altri usi; (...) Un focolare di pietra, con relativa gradetta (gratella) per il carbone acceso o da accendere, guardato dalle stoviglie indispensabili (le famiglie meno disagiate hanno utensili di cucina in rame pulito e

lucente), non di rado profumato dal jettitu, o nicissariu, o aciu sottostante". (44)
Talvolta nel catojo il pianterreno ha il susu, cioè il piano superiore con un balcone a ringhiera. Quasi sempre vengono ospitati animali. L'angustia di spazio e la mancanza d'aria spiegano perché molti abitanti dei catoj vivano per gran parte della giornata all'aperto, anche per lavorare (la luce dentro casa è pure essa insufficiente).
Anche lo studioso A. Celi in una monografia storica, pubblicata a Girgenti all'inizio del nostro secolo così descrive quelle abitazioni troglodite: "nel declivio meridionale del colle su cui si eleva Girgenti han principio le abitazioni troglodite, le quali si estendono nella direzione da ovest ad est fin sotto il mulino di Piedigrotta: esse prospettano a sud salendo verso nord fino alla Cattedrale e al vecchio Castello: ma in questi punti, che corrispondono dentro l'ambito della moderna città esse grotte non sono più visibili essendo su di essa sorta prima

l'acropoli degli agrigentini e poi la moderna città.
Ciò è provato dalla esistenza d'una grande quantità di camere, le quali oggi vengono adoperate o come granai, o come serbatoi d'acqua, o come fienili e concimai; e spesso avviene che nel gettare le fondamenta di nuovi fabbricati si vengono a scoprire delle caverne, le quali poi vengono riempite con le macerie o con materiale di costruzione...". Molti casali o catoj sorgevano quindi sopra le abitazioni troglodite.
Ma torniamo alle osservazioni dei nostri visitatori nella prima metà dell'Ottocento.
Difficile era anche arrivare a Girgenti. Ne sa qualcosa il romanziere Alessandro Dumas, che, passato a Girgenti nel 1835, è rimasto sconvolto dalle pessime condizioni della città e del suo molo. Ecco il resoconto di quel suo viaggio: "il giorno dopo la nostra partenza (da Pantelleria), ad otto-dieci leghe lontani dalle coste di Sicilia, il vento cessò, e bisognò mettersi al remo, ma siccome ciascuno sentiva alle braccia un

avanzo di scirocco, in tutta la mattinata potemmo fare soltanto tre leghe.

Verso le ore cinque si levò una brezza leggera, di cui profittò il pilota spiegando le vele, e la barca che era di buonissima volontà, cominciò a scorrere in modo da farci sperare di afferrare il porto di Girgenti la sera medesima; infatti verso le nove gettammo la ancora in una piccola rada, in fondo alla quale scoprivamo i lumi di talune case... Esaminate due o tre case che per via di un'insegna si qualificavano alberghi, riconoscemmo non intempestiva, ma prudentissima la risoluzione di fare merenda a bordo, prima di avventurarci nell'interno del paese... Girgenti e, pressappoco, a cinque miglia dalla spiaggia, vi si sale ripidamente, e il viaggiatore si trova all'altezza di un migliaio di piedi dal mare.

Lungo la strada incontravamo muli carichi di zolfo, di quello zolfo che alcuni anni dopo doveva provocare il famoso litigio tra Napoli e l'Inghilterra, del quale fu arbitro il re dei francesi. La strada risentiva del commercio di cui era l'arteria.

I sacchi che contenevano lo zolfo, non essendo bene cautelati, di quando in quando cacciavano dei bricioli del loro contenuto; il cammino si era ricoperto di uno strato di zolfo che in qualche punto aveva tre o quattro pollici di spessore. I mulattieri che scortavano i sacchi erano perfettamente gialli dalla testa ai piedi, la qualcosa dava loro un aspetto stranissimo, per quanto è possibile immaginare.

Non erano ancora entrati in città, che già sapevamo l'epiteto che i girgentani nel loro enfatico orgoglio avevano apposto alla loro città "Girgenti la Magnifica".

Infatti la Magnifica Girgenti non è altro che uno sporco ammasso di case mal costruite, di pietra rossastra, con anguste strade, che non si possono attraversare in carrozza, e comunicano fra di loro con irregolari scaloni; per evitare qualche grave disastro è indispensabile tenersi nel mezzo. Poiché era chiaro che il restante giorno non sarebbe stato sufficiente per visitare le rovine,

andammo alla ricerca di un albergo in cui passare la notte. Disgraziatamente non era facile trovarlo in Girgenti la Magnifica!
Il nostro amico Ciotta ci condusse in due camerette alle quali insolentemente si dava il nome di albergo: dopo una lunga conversazione, con l'oste prima, poi con la moglie, ci convincemmo che bene o male avremo trovato da mangiare, ma nient'affatto per dormire!
Finalmente una terza osteria rispondeva alle due condizioni che reclamavamo, con somma meraviglia degli abitanti che non riuscivano a capacitarsi delle nostre esigenze. Ci affrettammo ad assicurarci la stanza, con i due miserabili lettucci che l'ammobbigliavano, e dopo averci ordinato il pranzo alle sei della sera, liberatici dalle pulci che si erano attaccate ai nostri pantaloni, ci mettemmo in cammino per visitare gli avanzi della città di Cocalo, per quanto ne dice Diodoro di Sicilia".
Significativo è il silenzio della naturalista Giovanna Power, che nel 1842 diede alle stampe una "Guida per la Sicilia" che ebbe

molto successo. La Power dedica molte pagine alle capovalli dell'Isola e si sofferma sulle tante bellezze artistiche presenti nei vari centri urbani, ma non trova nulla di interessante a Girgenti, tranne naturalmente i templi e gli altri resti greci e romani disseminati nella valle. Descrive soltanto il sarcofago di Fedra e la Madonna con Bambino che trova nella Cattedrale. Contrariamente a quanto altri hanno scritto, la viaggiatrice annota che "la biblioteca in questa città non ha nulla che possa meritare l'attenzione del visitatore" (Giovanna Power, Guida della Sicilia, Napoli, 1842, p. 168)

Nella loro opera "Viaggio pittorico nel Regno delle due Sicilie" gli autori Cuccinello e Bianchi esprimono questo severo giudizio: "i Girgentini ristretti appena in quella parte che fu la rocca de' loro antichi inerpicandosi per iscoscese e rotte strade, entro le mal fabbricate case, non altra magnificenza possono ostentare che quella delle loro ruine". Così che "lo spettro della passata grandezza gli sta dinanzi agli occhi (al cittadino di Girgenti) per farlo avvilire e vergognare".

Molto esplicito è il giudizio sulla città di Felice Bourquelot, che per un mese (a settembre) visitò la Sicilia in un periodo compreso tra il 1850 e il 1859: "La città moderna è sporca, mal costrutta e mal lastricata; le vetture non possono passare che per una sola contrada, la quale attraversa irregolarmente la città in tutta la sua lunghezza; le altre contrade non sono che chiassuoli angusti e fangosi". (45)

NOTE
VIVERE E MORIRE A GIRGENTI AL TEMPO DEI BORBONI

1) G. Picone, Memorie storiche agrigentine, Girgenti, 1866, p. 587-588

2) Francesco Paolo Diana, Girgenti prima del 1860, in "Akragas", II, n.2, 1913.

3) Francesco Vergara e Caffarelli, Duca di Cracò, Descrizione geografica dell'Isola di Sicilia, Palermo, 1806, volume I, pp. 56-59

4) Su Lo Jacono cfr. V. Cardillo, Il pensiero politico- religioso nel pensiero del Vescovo di Agrigento, monsignor Domenico Maria Giuseppe Lo Jacono, durante la rivoluzione siciliana 1848-49; in "Rassegna storica del Risorgimento", aprile-giugno, 1956).

5) Cfr."Effemeridi scientifiche e letterarie", 1834

6) Cfr. alla voce Girgenti: Nuovo dizionario geografico, statistico e biografico della Sicilia antica e moderna colle nuove divisioni in Intendenze e Sottintendenze dell'avvocato Giuseppe Emanuele Ortolani, Palermo, 1819

7) Cfr. Calogero Ravenna, Giornalismo girgentino dell'800, dattiloscritto, presso biblioteca Pirro Marconi di Agrigento

8) Idem

9) Archivio di Stato di Agrigento – successivi con A.S.A. - inv.4, fascicolo 226

10) Citato in

11) I Girgentini al Consiglio provinciale", Girgenti, tipografia Lauricella, 1861, pp.5-8

12) A.S.A inventario 13, fascicolo 1, delibera del Sindaco Onorato Gubernatis, del 14 giugno 1827

13) A.S.A inventario 13, fascicolo 1. Lettera all'Intendente scritta dal Sindaco il 23 maggio 1827

14) A.S.A., inventario 13, fascicolo 119

15) Apertura dei consigli provinciali dell'anno 1851, Palermo, 1851, p. 220

16) A. S. A. inv. 4. Vol.236

17) A.S.A. inv.4, fasc.236

18) (Carlo Afan De Rivera, Considerazioni sui mezzi da restituire il valore proprio a' doni che la natura ha largamente conceduto al Regno delle due Sicilie, Napoli, 1842 pp. 394-95)

19) Giuseppe Palizzolo, Intendente di Girgenti, Discorso per l'apertura del

Consiglio Provinciale, sessione di maggio, Girgenti, 1852, pp. 54-55

20) A.S.A. inv. 4, fasc. 236. Relazione del controllore attivo del molo di Girgenti Antonio Lanza

21) A.S.A, inventario 26, fasc. 244

22) A.S.A. inv. 26, fasc.244. Deputazione sanitaria marittima di II classe. Proposte al governatore della Provincia di Girgenti

23) Pasquale Panvini, Sulla febbre costituzionale biliosa mutata in tifoide che dominò in Sicilia e particolarmente nel Val Girgenti nell'anno 1833

24) A.S.A., inv. 4, fasc. 495. G. Serroy, Rapporto medico, in data 11 agosto 1832

25) Francesco Paolo Diana, Girgenti prima del 1860, in "Akragas", Girgenti, 1912

26) Giuseppe Picone in "Palingenesi", Girgenti, 1858, numero sei

27) A.S.A. inv. 13, fasc. 1

28) Per l'intero regolamento cfr. A.S.A. inv. 13, fasc. 37

29) Vassallo e Caruso, Sulla febbre epidemica petecchiale regnante in Girgenti nell'anno 1833, in "Giornale delle lettere e scienze e arti per la Sicilia", Palermo, 1833, tomo 46, N. 138, anno XII. pp. 46-47

30) A.S.A. inv. 4, fasc. 494

31) Cfr. Giuseppe Lo Presti, Sulle febbri epidemiche, che spesso, e precisamente nell'anno 1793, hanno infestato la città di Girgenti, Girgenti, 1794

32) Giornale dell'Intendenza, Girgenti, giugno 1839, p. 142

33) Ibidem

34) Nicola Morelli, Discorso pronunziato da Nicola Morelli, procuratore generale con le funzioni di procuratore generale del Re presso la Gran Corte Criminale della provincia di Girgenti, nel dì due gennaio 1840, giorno solenne del riaprimento dell'anno giudiziario, Girgenti, 1840

35) Giornale dell'intendenza, Girgenti, novembre 1839, p. 263

36) Calogero Ravenna, Giornalismo agrigentino dell'Ottocento, in "Akragas", Agrigento, fascicolo II, 1946, pp. 22-23

37) A.S.A. inv.26, fasc.129

38) Giornale dell'Intendenza, Girgenti, aprile 1840, p. 11

39) (Giornale dell'Intendenza, Girgenti, gennaio 1843, p. 5

40) (A.S.A. inv.13, fasc.52)

41) G. Picone, con lo pseudonimo Z, Attualità nostra, in "La Palingenesi", Girgenti 1858, N. 2, pp. 35-36

42) Francesco Paolo Diana, Girgenti prima del 1860, in "Sicania", Caltanissetta, marzo 1914, anno secondo, numero tre, pp. 91-92

43) Ignazio Paternò, principe di Biscari, Viaggio per tutte le antichità della Sicilia, Palermo, 1917, p. 176

44) Giuseppe Pitrè, La famiglia, la casa, la vita del popolo siciliano, Palermo, 1913

45) Felice Bourquelot, Un mese in Sicilia, pubblicato a cura di E. Navarro Miraglia in "La Sicilia – Due viaggi", Milano 1873

LE RIVOLUZIONI

I MOTI RIVOLUZIONARI DEL 1820-21 A GIRGENTI

Il sovrano borbonico Ferdinando IV aveva sciolto il 17 maggio 1815 il Parlamento siciliano (un organismo politico che ben 35 re per otto secoli avevano rispettato) e dall'otto dicembre aveva assunto il nome di Ferdinando I delle Due Sicilie.
Il nuovo diritto pubblico di fatto cancellava l'autonomia politica della "nazione siciliana" ed annullava per sempre l'autorità del locale Parlamento. Veniva proibita altresì la libertà di stampa, si minacciava e condannava e si aprivano processi politici da parte della Gran Corte Criminale contro i cosiddetti "settari", mentre si destituivano gli impiegati noti per le loro opinioni costituzionali.
A Girgenti non furono in pochi ad avvertire delusione e disagio e a tutto ciò si univano

le difficoltà di carattere economico. Quando nel 1820 scoppiarono i primi moti autonomistici, gli Agrigentini furono tra i primi nell'Isola ad unirsi agli insorti.

A mobilitare la popolazione furono innanzitutto alcuni Palermitani che in quei giorni si trovavano a Girgenti i quali, dopo aver appreso la notizia che Ferdinando I, aveva ceduto ai rivoltosi napoletani ed aveva concesso la Costituzione, avevano costituito il partito degli autonomisti, sostenendo che la Costituzione era solo il primo atto e che senza l'indipendenza della Sicilia non si sarebbe ottenuto molto.

L'Intendente borbonico a Girgenti, coadiuvato da alcuni notabili Agrigentini, cercò di placare gli animi e armò delle pattuglie per il controllo delle strade cittadine. Ma ogni sua iniziativa aggravava la situazione ed inaspriva gli animi. Gli Agrigentini protestarono innanzitutto rifiutando di pagare ogni dazio e bruciando i dispacci sia dell'Intendente che del nuovo luogotenente del Re, il principe Scaletta.

La prima manifestazione pubblica di un certo rilievo cade l'otto agosto del 1820. In tanti si presentarono quel giorno nella strada maestra (oggi via Atenea) con una coccarda gialla sul petto, simbolo dell'insurrezione.

I più coraggiosi gridavano "Viva l'Indipendenza". Fin dall'inizio tra gli altri si distinse un frate cappuccino, fra' Giosuè Pennica, che apparve alle stesse autorità borboniche come il leader più ascoltato e seguito: pensarono pertanto di eliminarlo. Conosciuta la cosa fra' Pennica rese ancora più evidente la propria adesione al moto salendo su un cavallo bianco e guidando la folla entusiasta e inferocita, brandendo una sciabola e minacciando il ceto civile, nemico della rivoluzione. Altri frati cappuccini gli furono accanto e costituirono con la guida di fra Pennica e con altri agrigentini una giunta provvisoria.

La rivolta fu tuttavia all'inizio piuttosto pacifica. Ecco una descrizione delle prime gloriose giornate nel comunicato del 10 agosto del 1820, inviato dal comitato

rivoluzionario agrigentino ai signori componenti la Suprema Giunta provvisoria di pubblica sicurezza e tranquillità di Palermo: "Signori, Giurata e promulgata che fu la Costituzione delle Spagne per il Regno di Napoli e Sicilia, un entusiasmo il più grandioso accese i petti di questa popolazione per vedere recuperare in questa isola quell'antica felicità che in tempi andati sparse e stabilì il governo costituzionale.
Contemporaneamente osservò di essere arrivato quel tempo in cui la nazione siciliana poteva erigersi al par di ogni altra e circospetta ed illuminata in tutta l'Europa. Intanto un rumore sparso di alcune circostanze avvenute in codesta capitale represse gli animi di questa popolazione a sviluppare i loro sentimenti che avessero riguardato il bene e il centro della nazione.
Arrivata che fu la voce del buon ordine ch'erasi costà stabilito e poste in esercizio le magistrature e date dalla Suprema Giunta le disposizioni più accertate per sostenere la indipendenza della camera parlamentare da quella di Napoli, allora ogni individuo ha

preso il suo vigore e non ha lasciato di manifestare i sentimenti più accertati per il bene della nazione.

Infatti, spinta da questa veduta, fu impaziente la popolazione, nel giorno di ieri, di esternare un pubblico giubilo, per cui, evitando le confusioni, i delitti e rapine, passò unanimemente a vestire il nastro giallo, indicante la indipendenza nazionale dal Regno di Napoli ed il voto a sostenere con la massima energia la ragione e la domanda della sovrana beneficenza.

Fu così rapido questo unanime sentimento, quando si vide al momento cessata l'amministrazione civile; e di ceti di ogni classe questa mattina radunare in un pubblico luogo, nel quale, erigendo provvisoriamente una deputazione per sorvegliare al buon ordine e pubblica tranquillità, dichiararono il voto unanime a voler concentrare questo capovalle con detta capitale per sostenere l'unicità della causa, mantenere i magistrati e tribunali e conservare a questa valle e città quelle preminenze e decori, di cui in tempi più felici ha fruito ed al presente meritevolmente in parte conserva. Parimenti il pubblico si sta affrettando a creare nelle loro maestranze e ceti i loro consoli e capi, quantocché formatesi meglio l'attuale Deputazione o sia Giunta, possa meglio dare le più opportune disposizioni e disporre le guardie di pubblica sicurezza.

In questa congiuntura tanto felice per noi, giudichiamo, o signori, essere solleciti a dichiarare tutto ciò a codesta suprema Giunta ed assicurare la nostra fermezza al sostegno della indipendenza nazionale pell'osservanza delle Costituzioni delle Spagne, sotto il governo della Casa Borbone, e a proclamare ancora la sussistenza de' nostri privilegi e preminenze e delli magistrati in questo capovalle.

Nel ricevere codesta suprema giunta il rapporto, si degnerà farci sapere qual metodo siasi costà adottato per l'esercizio delli tribunali e Gran Corti e di altri giudici, onde avere la giustizia il suo celere e pronto corso, anche relativamente ai notai, per essere animato il traffico socievole.

Piacerà anche a codesta suprema giunta farci sapere quale contegno dovremo usare pella scelta di un deputato da inviare in grembo della capitale per unirlo agli altri, onde discutere e sostenere la causa della indipendenza nazionale.

Questa Valle è scarsa di risorse nelle attuali circostanze, e perciò ne ha bisogno da qualche ramo pubblico che qui la riguarda. Infine si è disposto da noi un'analoga circolare pella città e paesi di questa Valle, ad effetto di dipendere da questa Deputazione pelli rami amministrativi e di pubblica sicurezza, dietro la cessazione dell'Intendenza. Di tutto se n'è fatta relazione alli lor Signori con espresso pedone per avere la compiacenza di avere il riscontro e disposizioni della Suprema Giunta. Vitale Spoto, Ippolito Caruso, Agostino Lombardi, Girolamo Gubernatis, Felice Caratozzolo, Antonino Sala, deputati provinciali. (1)

La manifestazione dell'otto agosto e i successivi avvenimenti destavano notevole preoccupazione non solo tra i Borbonici ma

anche tra i maggiori esponenti dell'aristocrazia locale. Si svolsero varie riunioni nella casa dell'Intendente per stabilire come arginare la rivoluzione a Girgenti. Matura in questo contesto anche un piano per eliminare fra Giosuè Pennica.
In quel periodo il comando dell'esercito borbonico a Girgenti era affidato al brigadiere Raffaele Morici, che disponeva di tredici ufficiali e 367 soldati.
L'esercito rimase calmo, così come fermamente comandava lo stesso Intendente, il quale si mise a disposizione della nuova giunta e non fuggì, come gli era stato consigliato, ma rimase a casa propria. Lì lo andarono ad arrestare fra Pennica e la sua guardia per rinchiuderlo nel convento dei cappuccini e successivamente condurlo nelle carceri del Molo.
Ricostruendo la cronaca di quei giorni lo storico agrigentino Giuseppe Picone racconta che l'intendente cercò di fuggire ma venne scoperto e torturato. Venne strappato dalle mani dei suoi aguzzini da alcuni nobili e dal cappuccino don

Evangelista e messo in salvo. Venne infine prelevato per essere scortato in manette sino a Palermo e ivi posto sotto accusa.

Pochi giorni dopo il popolo saccheggiava e bruciava la casa dell'Intendente, la casa del commissario di polizia, Carlo Catalisano, e alcuni uffici pubblici, soprattutto erariali: "La turba armata...assalta la casa di Carlo Catalisano, commissario di polizia, la mette a fuoco e saccomanno. Gli animi si inasprivano, e a calmare l'ebbrezza in cui erasi abbandonata la plebe, furono visti altri due cappuccini sacerdoti, fra' Celestino e fra' Bonaventura da Girgenti, montati pure su cavalli, seguire il frate (fra' Pennica), e gridare pel buon ordine, parola, che nel cranio di quella bruzzaglia suonava rivoluzione, rapina, guasto, sangue" (2)

Intanto venne formata la prima giunta provvisoria che era composta dal ciantro Panitteri, Vitale Spoto e altri.

Si riuscì il primo dicembre a svolgere le elezioni dei deputati al nuovo Parlamento Siciliano, che si decise di costituire a Palermo. Girgenti nominò il canonico

Raimondo Costa. Ma i risultati pochi giorni dopo vennero considerati nulli perché molti Comuni dell'Isola non avevano potuto votare. Il vescovo di Girgenti, monsignor Domenico Lo Jacono, aveva dichiarato sin dall'inizio dei fatti la propria netta opposizione, scrivendo "encicliche tendenti a riprovare le istituzioni carbonare e a riscaldare le fantasie, non senza pericolo di compromettere la pubblica tranquillità". (3) La rivoluzione fin dall'inizio non aveva coinvolto tutte le città siciliane e i Palermitani soprattutto erano intervenuti per costringere all'obbedienza i centri più ostili. Era stata attaccata Caltanissetta che non intendeva unirsi al movimento indipendentista. Vennero massacrati oltre trecento Nisseni.

Questo episodio aggravò la situazione, dando vita ad una vera e propria guerra civile tra le città sostenitrici dell'indipendenza e quelle fedeli all'unità con Napoli. Ciò offrì il pretesto ai Napoletani per inviare ben 4000 uomini al comando di Florestano Pepe per domare la rivolta palermitana. Le truppe arrivarono in Sicilia il 5 settembre del 1820 e ad esse si unirono i volontari siciliani, soprattutto Catanesi e Messinesi.

I borbonici entrano a Palermo e Florestano Pepe tenta un accordo con il principe di Villafranca, presidente della giunta provvisoria palermitana. L'accordo fallisce soprattutto perché non è accettato dal popolo. A Palermo è guerra, quartiere per quartiere, per sei giorni. Pure a Girgenti giungono altri duecento soldati per riportarvi l'ordine. Arrivarono duecento soldati che alloggiarono nel convento di San Domenico (l'attuale sede del Comune), dove montarono l'artiglieria. I Siciliani sono costretti a scendere a patti. Il Principe di Paternò, nuovo presidente della giunta palermitana, accetta di consegnare ai borbonici i forti e accoglie i termini per la concessione di una nuova Costituzione che riconosca alla Sicilia una certa autonomia.

Poco più tardi si svolgono nuove elezioni per nominare i deputati siciliani che faranno parte del Parlamento del Regno. Ma nessuno degli eletti si recherà nella città partenopea. L'accordo che aveva firmato il generale Pepe, che doveva garantire autonomia alla Sicilia, non venne però ratificato dal Parlamento di Napoli, che intese assolutamente ristabilire l'unità del Regno e quindi il generale fu costretto a dare le dimissioni.

L'anno successivo le truppe austriache interverranno su richiesta di Ferdinando I per reprimere l'insurrezione in tutto il Regno. I Borboni ritornano così a Napoli, istituiscono la Corte marziale e annullano tutti i provvedimenti adottati dal governo rivoluzionario. Viene abolita anche quella Costituzione che Ferdinando I aveva giurato sul Vangelo di volere rispettare. A Girgenti torna l'ordine borbonico. Arrivano i regi commissari per indagare e riferire sulle responsabilità dei cittadini nei fatti della rivoluzione.

LE SOCIETÀ SEGRETE

Rivolte nel 1820-21 avevano provocato l'inasprimento del governo borbonico, sempre più incline a risolvere i turbamenti sociali con misure poliziesche severe, anziché con sagge riforme, atte a prevenirli. Si invitavano i magistrati e i solerti funzionari di polizia ha grande severità; anche i "buoni e onesti sudditi" venivano invitati a denunciare i settari. In questa politica repressiva veniva coinvolta anche la religione.
Lo stesso diritto ecclesiastico, valido per il Regno delle due Sicilie, già modificato e rinnovato col concordato del 16 febbraio 1818, esigeva che i Vescovi e gli Arcivescovi prestassero il seguente giuramento: "giuro e prometto sopra i santi Vangeli ubbidienza di fedeltà alla Reale Maestà; parimenti prometto che io non avrò alcuna comunicazione, ne interverrò ad alcuna adunanza, né conserverò dentro e fuori del Regno alcuna sospetta unione che

noccia alla pubblica tranquillità, e se, tanto nella mia diocesi che altrove, saprò che alcuna cosa si tratti in danno dello Stato lo manifesterò a Sua Maestà".

Una legge del 6 agosto del 1816 relativa alle associazioni segrete imponeva il disarmo, licenziava gli ufficiali esteri che facevano parte dell'esercito borbonico, rimandava gli studenti alle loro case. Un altro decreto del 12 aprile dello stesso anno creava quattro giunte di scrutinio, incaricate di esaminare la condotta degli ecclesiastici regolari o secolari, dei pensionati, dei funzionari pubblici e degli autori di opere stampate.

Le società segrete patriottiche dei primi decenni del secolo scorso fecero la loro apparizione molto presto anche nella piccola città di Girgenti e nella sua provincia.

Le poche notizie storiche sulla presenza della Carboneria in Sicilia attestano che tra i primi a promuovere attività segrete in Girgenti vi fu il poeta pistoiese Bartolomeo Sestini (1795 - 1825). Costui si distinse nella prima fase della diffusione della

Carboneria in Sicilia per la sua intensa azione propagandistica che toccò molti centri dell'"Isola tra cui appunto Girgenti. Era un valido oratore e anche a Girgenti si fece apprezzare tenendo discorsi in luoghi pubblici e in dimore private. Ma la sua attività durò poco. Venne arrestato infatti a Palermo nel 1819 e conobbe il carcere duro. Presto però venne scarcerato ed espulso dal Regno delle due Sicilie perché indesiderato. Un'importante testimonianza su questo periodo ci viene dallo storico agrigentino Calogero Sileci che ha scritto una "Confutazione alle memorie storiche di Giuseppe Picone".

Testo polemico in cui intende rettificare alcune notizie storiche contenute appunto nelle "Memorie storiche agrigentine" di Giuseppe Picone. Scrive Sileci: "…gli animi erano disposti anzi preparati ad insorgere perché in Girgenti la setta carbonica non lasciava di promuovere sentimenti avversi il governo, gli affiliati non lasciavano di cospirare tenendo le loro sedute nella casa coll'entrata a pianterreno

di certo don Francesco Mara, sita rimpetto la chiesa di San Francesco d'Assisi, non pochi individui vi si riunivano, fra i quali don Giuseppe Montuoro, nella qualità di gran massone, don Salvatore Sileci, don Agostino Lombardo, i fratelli don Contrasto e don Antonino Lopez, don Alessio D'Angelo, sac. Don Carmelo Cacciatore, sac. Don Giuseppe Cardella, don Pietro Salvago, sac. Don Libertino Spoto, don Giuseppe Agrò, mastro Francesco Agozzino ed altri. Tutti costoro però sedata la rivoluzione (ndr. del 1820-21) procurarono di esimersi dalla meritata punizione cercando delle studiate scusanti. Il detto Lombardo però credé meglio denunciare i suoi compagni ed in compenso fu nominato giudice circondariale di Girgenti, oggi Pretore". (4)
Sappiamo inoltre che anche l'agrigentino Vincenzo Fucini era Maestro della società carbonara denominata "I Seguaci di Leonida", assai diffusa in Sicilia. Si rileva, infatti, da una sentenza della commissione militare della Valle di Messina del 14

giugno 1825, che il Fucini diresse per alcuni anni la vendita , ossia una sede carbonara, che si trovava nella Città dello Stretto. (5) Soffocati i moti rivoluzionari nel 1821, seguì il periodo della reazione. Venne inviata a Napoli, presso la Corte del Re delle due Sicilie, Ferdinando I di Borbone, una lista contenente i nomi dei maggiori cospiratori. Si stabilì che una Giunta denominata Giunta di scrutinio avrebbe esaminato gli elenchi e avrebbe preso contro i rei i necessari provve-dimenti.
Nelle liste figuravano anche diversi Agrigentini, di vari ceti sociali e anche sacerdoti. Gli storici posseggono solo alcu-ne di queste liste che sono state pubblicate in alcune occasio-ni. Siamo quindi in grado di dire che vennero individuati diversi settari agrigentini. Ecco alcuni di loro: i sacerdoti Gaspare Guarraci, Libertino Cardella, Carmine Barletta e Antonio Cacciatore; i laici Antonio Cosentino Tortorici da Cattolica, Vincenzo Lo Iacono da Montallegro, Giacomo Vinci, Calogero Gibbino e Vito Campione da

Naro, Andrea Picone da Ribera, Salvatore Cocchiara da Lucca Sicula, Francesco Pollara e Antonio Giovenco da Santo Stefano. Molti dei sospettati vennero privati delle cariche pubbliche e vissero nell'indigenza. (6)

Ma già pochi mesi dopo la conclusione dei molti nel 1820 - 21 da Girgenti, proprio grazie ad alcune delazioni, partirono dei provvedimenti polizieschi intesi a reprimere ed estinguere definitivamente una delle società segrete allora più diffusa in provincia, quella denominata "Unione Italica dai fratelli barabisti", che contava tra i suoi seguaci una figura d'illustre rivoluzionario assai noto in quegli anni, il padre domenicano Saverio Friscia.

È proprio uno dei primi interrogatori al padre Friscia che ci rivela l'esistenza di questa setta anche a Girgenti.

Il Friscia racconta al commissario che lo interroga che recatosi a Girgenti nella primavera del 1822 aveva saputo dell'esistenza nel quartiere Addolorata di una sede della suddetta società segreta e che un sacerdote agrigentino, ben informato, gli aveva descritto le finalità dell'organizzazione, insieme a molti altri curiosi particolari circa l'arruolamento, i giuramenti, gli intrecci con la religione. Friscia decise allora di aderire e seppe più tardi che anche alcuni sacerdoti agrigentini componevano tale organizzazione, tra i quali il sacerdote Don Filippo Spoto. (7) Si saprà dopo che le confessioni del Friscia e di altri componenti la setta, che furono alla base di lunghi processi e di provvedimenti penali assai duri, come il confino, erano state in realtà estorte con torture e sevizie che cagionarono gravi mutilazioni agli imputati.

L'esistenza di questa società segreta a Girgenti e in altri centri della provincia è storicamente accertata, molto vi sarebbe ancora da scrivere sui processi celebrati.

Sulla diffusione della Giovine Italia nella Valle di Girgenti qualcosa sappiamo grazie al citato manoscritto dell'agrigentino Calogero Sileci. Questo polemico storico di casa nostra scrisse a pagina 24 delle sue

Confutazioni che "fu un certo cognominato Pacino, da Cattolica, che come affiliato alla suddetta società (Giovine Italia) venne in Girgenti e promuose le idee. Le sedute erano nella casa del sacerdote don Libertino Spoto ed ivi si riunivano non pochi individui fra le quali don Matteo Martinez, un domenicano cognominato Sanfilippo, da Siracusa, il sacerdote Libertino Cardella, sacerdote don Carmelo Cacciatore, don Francesco Agrò.
Furono tutti arrestati tranne del solo Cacciatore il quale seppe trovare sicuro asilo a Palermo da dove clandestinamente si porta a Napoli e quindi a Roma. Tutti gli altri furono condannati ad anni 20 di fermo, ma dal Sovrano destinati invece all'esilio per la durata di anni 12 che espiarono nell'isola di Pantelleria. Il sacerdote Cardella però protetto dal direttore Generale marchese delle Favare, protezione ottenuta per avergli illustrati ed accomodati non pochi vasi antichi, fu fatto evadere".
Cacciatore tornò poi a Girgenti per grazia sovrana e successivamente cambiò

indirizzo politico: divenne professore al Seminario e canonico della Cattedrale, ma quando giunsero i Garibaldini in Sicilia si unì a loro.

Picone scrive che alcuni componenti la Giovine Italia si radunavano nella falegnameria di certo Pasquale Agozzino. Un giorno si ritrovarono per un pranzo il sacerdote Libertino Cardella, il medico martino Martines, Sebastiano e Niccolò Ugo, il sacerdote Carmelo Cacciatore. Si parlò della Giovine Italia. Una spia li ascoltava e riferì ogni cosa al commissario di polizia Carlo Catalisano che catturò quelli e altri cospiratori spedendoli nelle carceri di Palermo.

I rapporti degli Intendenti borbonici sino al 1860 rilevavano comunque che una generale calma regnava nei comuni dell'agrigentino.

Leggendoli sembra che i cittadini fossero contenti del poco, sani e morigerati; vivessero in quiete, senza che altre aspirazioni assillassero il loro animo.

A conferma di ciò riportiamo il Rapporto periodico sullo spirito pubblico del mese di aprile 1840 firmato dal commissario Giuseppe Albanese:

"N. 1

VOCI SUGLI AFFARI POLITICI

Nessuna voce allarmante si è intesa su gli affari politici in

questo distretto di Girgenti.

N.2

VOCI SUL GOVERNO

Non si è intesa nessuna censura sulle sagge disposizioni del

Governo anzi voci preponderanti a favore dell'istesso

N.3

VOCI SU FUNZIONARI PUBBLICI

Non si è intesa nessuna lagnanza tanto per li funzionari dell'ordine amministrativo, quanto per quelli dell'ordine giudiziario, per li Ecclesiastici che con probità, religiosità adempiono li loro doveri.

La prima autorità della Provincia è piena di zelo e straordinario rispetto ed attaccamento verso l'adorato nostro Sovrano, serbando irreprensibile il di lui contegno politico e gode la opinione pubblica.

L'influenza del Regio Giudice e del suo Cancelliere è per il bene della giustizia.

n.4

CONDOTTA DE' PASSATI SETTARI

Li passati settari hanno tenuto regolare condotta che addimostra la loro resipiscenza, nessuna relazione hanno fra loro né in particolare né in generale, e godono opinione.

N.5

CONDOTTA DEGLI IMPIEGATI O MILITARI DIMESSI

In questa non vi sono impiegati dimessi, il solo ex colonnello D. Gerlando Bianchini, la cui condotta è regolare.

N.6

STUDENTI E GIOVANI IN GENERALE

Li studenti e li giovani attendono allo studio, sono lontani dalle massime perniciose e dalle innovazioni politiche, attaccati alla religione cristiana, li collegi sono ben regolati, li maestri e li educatori sono esemplari.

N.7

MILITARI IN CORPO O ISOLATI

Li militari sono disciplinati, lontani da principi settari e sovversivi. Attaccati alla Real Corona, non hanno contatto con li passati settari domina in essi il massimo rispetto per l'AL/AS/

N.8

SENTIMENTO PREPONDERANTE PRESSO IL GOVERNO

Esiste presso ogni classe d'individui il buon costume e si osserva il massimo attaccamento e rispetto verso la M. S/DS/ e del Real governo".(8)

Dello stesso tono rassicurante sono le altre voci relative alla condotta dei "passati settari", degli impiegati, dei militari, degli studenti e dei giovani, sulla religione ed il costume.

I MOTI RIVOLUZIONARI DEL 1848

Nel 1847 Luigi Settembrini scrisse la "Protesta del popolo delle Due Sicilie", mentre ancora vive erano le speranze suscitate dallo spirito riformatore di Pio IX. La "Protesta" circolò anonima per ogni città del Regno, nonostante il rigore con cui la polizia borbonica vigilasse su ogni tentativo di destabilizzazione promosso dai liberali.
L'opera di Settembrini arrivò anche nella piccola città di Girgenti: "quell'opuscolo grava occultamente per la città nostra — scrisse lo storico agrigentino Giuseppe Picone, riferendosi proprio alla "Protesta" — ed era come un elettrico che galvaniz-zava la gioventù, pronta a ricevere le emozioni più vive per le novità, e a dipingersi alla mente l'età dell'oro. Si sperava, che il re avesse pacificamente concesso le riforme, ma ogni speranza fu vana". (9)
In un'altra celebre opera, "Ricordanze", Settembrini così descrive la genesi della

"Protesta": "Una mattina io passava in via Assunzione a Chiaia dove era il palazzo abitato dal ministro Del Carretto: ecco venire correndo a furia la carrozza coi soliti cavalli sbuffanti e il solito insolente cocchiere. Entra nel portone, e mentre il ministro smonta corrono a lui una donna e quattro fanciulli vestiti a bruno, tenendo tra le mani una carta e chiedendo qualche cosa. Il ministro si ferma e da ordine ai servi di scacciarla, e fu villa-namente scacciata la povera donna e quei figlioletti pallidi e sbalorditi. Ella pianse, prese per mano i più piccini, ed andò via.

Io non seppi mai chi era quella donna; ma a quello spettacolo mi sentii rimescolare tutto il sangue, e dissi tra me: "Ne farò vendetta". Corsi a casa, presi le carte che stavo scrivendo, mi ci si misi sopra con nuovo ardore, e non le lasciai più se non quando ebbi compiuta la Protesta del Popolo delle Due Sicilie".

Non è difficile pensare che anche a Girgenti un buon cronista in quegli anni avrebbe potuto anche lui descrivere il ripetersi, ogni giorno, nella centralissima via Maestra o nei "catoi" del Rabato, di altrettanti indicibili mortificazioni, dolori, miserie sopportate dalla maggior parte di quelle ventimila anime che vivevano a Girgenti (il censimento del 1844 ne contava 18.436). Il peso di tanti gravi mali, faceva fremere d'ira molti giovani e meno giovani. Un profondo e istintivo rancore era venuto sviluppandosi negli strati più umili della città, ma per molto tempo si attese con speranza un rinnovamento dall'alto.

Lo storico agrigentino Giuseppe Picone introducendo il racconto della sfida che gli Agrigentini ingaggiarono nel 1848 contro la "sbirraglia borbonica", sottolinea che Girgenti fu la prima tra le città dell'Isola che seguì Palermo nell'insurrezione.

Sappiamo che già nel 1847 si riunivano segretamente in casa di un ex ufficiale borbonico, don Gerlando Bianchini, alcuni patrioti agrigentini. Non sappiamo bene se il gruppo costituiva una società segreta, ma uno di essi, il curatolo di casa Ricci-Gramitto, Gaetano Navarra, in un suo opuscolo, sostiene che tali incontri avvenivano di frequente in casa Bianchini o altre volte nella casa della famiglia di Giovanni Ricci-Gramitto, in contrada Caos, poco fuori Girgenti, sulla strada verso il Molo. (10)

Tale frequenza e sistematicità farebbe dunque pensare all'esistenza di una vera e propria centrale segreta di opposizione, anche se non sappiamo di quale natura.

Giovanni Ricci-Gramitto sin da giovane aveva manifestato le sue simpatie per la Carboneria ed era stato a lungo nascosto a causa di alcune sue poesie politiche antiborboniche che avevano ottenuto notevole successo.

Agli incontri in casa Gramitto e Bianchini partecipavano anche Domenico Bartoli e altri esponenti della borghesia agrigentina filo liberale. Ma non era solo nelle case di questi liberali che si cospirava, fin dentro le mura del Seminario di Girgenti si manifestava il malcontento.

Il primo gennaio del 1848 gli alunni dello studio teologico agrigentino e alcuni

docenti diedero vita ad una manifestazione simbolica contro il regime borbonico che doveva scoppiare durante un pontificale. Ma Monsignor Lo Jacono, Vescovo di Girgenti, riuscì ad impedire sul nascere ogni atto di protesta obbligando gli studenti a restare dentro le mura dello Steri chiaramontano, sede del Seminario di Girgenti, e il provvedimento durò diversi giorni. (11)
La posizione del Vescovo era a tutti nota. Durante una predica per la novena natalizia del 1947, Monsignor Lo Jacono aveva ancora una volta sostenuto nella Cattedrale di San Gerlando - gremita come sempre allora in occasione di simili avvenimenti liturgici - che la sovranità appartiene al legittimo Re e non al popolo e che "in terra vi sia un potere anche politico e che viene da Dio, questo è certamente verità cattolica. Resistere al potere, è resistere a Dio, è peccato gravissimo, è un incontrare la dannazione ... Un popolo che vuole abbattere il trono costituito ... non so come possa evitare la dannazione". Queste le

ammonizioni del prelato agrigentino. Poi, parlando dei liberali aveva aggiunto che "sono despoti, sono prepotenti, sono verissimi tiranni nelle loro case co' servidori, co' loro familiari, co' sudditi, quando ne hanno". Il Vescovo era un sincero sostenitore della monarchia borbonica e considerava ogni rivoluzione liberale un atto privo di giustificazione politica e sociale, molto pericoloso per la stessa salvezza delle anime.

Si diede un gran da fare pertanto a diffondere encicliche contro i liberali e ad avvertire i fedeli che i liberali usavano il nome del pontefice Pio IX per sollevare "la mala accorta plebe contro la legittima sovranità, a quale oggetto si fingono fatti, s'inventano decreti, e s'interpretano maliziosamente sapientissime ordinazioni". (12)

Le prime avvisaglie del moto a Girgenti si ebbero a seguito della diffusione in città di alcuni opuscoli "patriottici" già all'inizio del 1848. Alcuni stampati indicavano nel 12 gennaio, genetliaco del Re Ferdinando II, il giorno dell'insurrezione. Due proclami in particolare ebbero ampia diffusione in città, "I Siciliani ai fratelli del Nord" ed "Invito alle armi". Palermo insorse proprio nel giorno preannunciato e Girgenti la seguì due giorni dopo, non appena le notizie dalla capitale si fecero più precise e giunsero i primi proclami rivoluzionari.

Il 14 gennaio due studenti universitari agrigentini, appena arrivati da Palermo, avevano fatto visita all'ex colonnello Gerlando Bianchini portandogli notizie più precise sui moti palermitani. Ma per il vecchio militare e per gli altri liberali della città era difficile in quelle ore assumere immediate decisioni.

Un vero comitato insurrezionale non era ancora pronto in nessuna città della provincia. Mancavano inoltre le armi e le munizioni. Come avviare in queste condizioni un sollevamento popolare? Qualunque azione sarebbe andata incontro a sicuro fallimento.

Occorreva prendere tempo, riflettere, organizzarsi, elaborare un piano,

raccogliere volontari, far giungere le notizie nelle campagne e negli altri Comuni, stabilire contatti con Palermo. Bianchini decise allora di temporeggiare e cercò di placare gli animi dei più accesi che avrebbero voluto attaccare le truppe. Nonostante gli sforzi il 16 gennaio una ventina di giovani armati era già in grado di attaccare il Corpo di Guardia di Gendarmeria che stazionava nella strada maestra.
Così almeno aveva appreso l'Intendente borbonico Silvio Speciale che si recò in quel giorno stesso dal Bianchini per indurlo ad intervenire prima che la situazione precipitasse. I borbonici chiedevano insomma di attendere l'evolversi della situazione e di evitare inutili scontri a Girgenti, convinti che la vera battaglia si giocava a Palermo. Bianchini riuscì a fermare quei giovani. Ma sapeva che di più non avrebbe potuto fare.
Il 16 gennaio cadeva anche il giorno genetliaco del principe ereditario Francesco ed era da tempo prevista una serata di gala:

"il popolo che vi era presente, silenzioso e attento, presentava una quiete, simile a quella che precede la tempesta!
I magistrati regi, accortisi di ciò, moltiplicavano le loro riunioni, in forma di visite ed affettavano grande popolarità ed amore della giustizia e del pubblico bene, ma aumentavano le guardie, e per seminare la diffidenza e la divisione fra le varie classi sociali, facevano spargere la voce che al minimo cenno di una rivoluzione politica, era pronta una congiura di pessimi uomini, per irrompere in ogni delitto, col pretesto della libertà. Insultavano poi il popolo siciliano, chiamandolo feroce e selvaggio, non ancora educato nei veri sentimenti di libertà e capace di ogni eccesso, di ogni delitto". (13)
Nei giorni seguenti giunsero altre confortanti notizie da Palermo per i liberali di tutta la Sicilia. Molti sinceri liberali temevano a Girgenti che se non fossero stati i liberali a prendere l'iniziativa, sarebbe stata certamente la plebe a "prendere il

sopravvento", come scrive lo stesso Giuseppe Picone.

Ogni altro indugio avrebbe favorito quanti intendevano strumentalizzare gli eventi per trarne loschi vantaggi.

Finalmente il 22 gennaio oltre trecento Agrigentini si ritrovarono nella piazza della Riconoscenza (dove sorgeva la Casina Empedoclea) e si misero in marcia lungo la via maestra (l'attuale via Atenea). Così Bianchini descrive la manifestazione in una corrispondenza al console inglese Giovanni Oates: "Concordemente unanimi, il giorno 22, gli Agrigentini balenanti verace gioia comparvero insigniti di coccarda costituzionale, ingombrando le strade tutte, rimbombanti delle grida: Viva Palermo, Pio IX, La Lega Italiana, non esclusi i fanciulli, le donne, i frati, i preti, i ricchi, i poveri, e mendicanti: restando immediatamente paralizzato lo scellerato catasto fondiario, la gravissima tassa sul macinato, l'infame radiale". (14)

Gerlando Bianchini venne acclamato e portato in trionfo e tenne quel giorno anche un breve discorso del quale ci sono state tramandate alcune espressioni: "Le molte e continue prepotenze ministeriali e le vittorie di Palermo rendono ormai impossibile contenere di più il popolo di questa nobile città e della provincia nostra nella consueta subordinazione alle autorità vigenti.

Per moto consentaneo e universale, hanno proclamato la Costituzione e mi hanno eletto a loro capo. Se io ricusassi di farmi loro guida forse le brighe di pochi perversi e lo spirito di anarchia potrebbero indurre molti del popolo ad atti disordinati e fatali, come voi stessi avete presentito.

E' necessario che io ubbidisca al pubblico comando; ma nell'accettare prometto che addivengo a questo solo per impedire possibili delitti, per conservare lo ordine, la tranquillità, la subordinazione, il rispetto ai magistrati, e specialmente a voi signor Intendente, che con molta saggezza, giustizia ed onestà avete retto questa Valle". (15) Un discorso da leader moderato e al quale l'Intendente rispose

dicendo di apprezzare gli ottimi propositi, augurandosi che "la tranquillità continui a regnare in questo capo Valle" (16)
Dopo tali interventi, piuttosto rituali e strani in simili circostanze, il corteo guidato dal Bianchini, raggiunse a cavallo Porta di Ponte, i patrioti trovati armati vennero sull'istante divisi in due "squadroni" e arruolati nella Guardia Nazionale.
Vi era chi non era per nulla sereno per quanto si stava verificando nella placida Città dei Templi. L'ambasciatore francese, Charles Bresson, con una certa preoccupazione, comunicava da Napoli al suo governo che Girgenti era insorta e dava notizie precise sull'azione del Bianchini. (16) Venne costituito un comitato formato da Giovanni Ricci-Gramitto, Giambattista Picone, Gaetano Nocito, Mariano Gioeni, Francesco Gioeni e lo stesso Bianchini, presidente. Sin dall'inizio il comitato seppe dare "sì temperato avviamento alle sollevate moltitudini, che fu ben notevole e quasi diremmo meraviglioso il rispetto serbato in quel subbuglio alle pubbliche e

private sostanze e alle persone", ha scritto lo storico Carlo Gemelli nella sua "Storia della siciliana rivoluzione del 1848" pubblicata a Bologna, (1867-68, vol. I).
Le truppe borboniche stavano ben serrate nel forte vicino al Molo e nel vecchio Castello di Girgenti, in attesa di precisi ordini dal colonnello Giovanni Pucci.
Fu in questo clima di apparente calma che i Borboni misero a segno "due colpi bassi" contro la rivoluzione.
I fatti avvennero entrambi al Molo, dal cui carcere prima vennero fatti fuggire 82 reclusi per creare il panico e l'anarchia in città e poi vennero assassinati 134 disgraziati.
Ma su questi fatti lasciamo la parola allo stesso Gerlando Bianchini, che così descrisse quei terribili eventi nella lettera che inviò al vice console inglese, a Girgenti, Oates: "I bravi cittadini del sottoposto Molo imitarono tosto l'esempio (di Girgenti), però carne venduta ad un tiranno, incallita nelle sevizie, nelle barbarie, la truppa che colà stanziava unitamente al comandante e bassi

uffiziali, inchiodati prima i cannoni della lanterna, rinserrossi nel forte, e spinta da diabolica risoluzione, la notte del 23 fece fuggire i servi di pena onde far dagli stessi massacrare le oneste e tranquille famiglie di quella borgata; ma tuttoché oscura la notte, scoverti i fuggiaschi dalle pattuglie civiche momentaneamente organizzate, soli 82 rimasero liberi, che sbandati e incalzati dal vivo fuoco delle vigilanti pattuglie, si avviarono disordinati alle loro rispettive comuni.

Fallito il sacrilego colpo di quei vili, rannodato il rimanente di condannati, e in angustissima fossa fattili accatastare gli uni sugli altri, concepirono l'avido disegno di profittare delle somme di quegl'infelici a furia di patimenti e d'indefesso lavoro ammassate, con non mai somma umanità, in quella fossa, capace a stento di soli 40 uomini, disperatamente vi rinchiusero 206 disgraziati, e senza conforto di nostra santa religione, giammai a' più colpevoli negata, tirandogli delle accese granate e zolfo ardente, tutti gli uccisero.

L'indomani sortivano dal forte tredici carri pieni di cadaveri perfettamente ignudi.

Ahi dura terra perché non t'apristi!

Rimasero morti 134, moribondi 15, e 65 vivi".

Alla lettera che leggiamo sul numero 27 del "Giornale patriottico", uscito a Palermo il 21 febbraio 1848, è stata aggiunta una nota che sottolinea che "tale atto di selvaggia crudeltà, di vilissima ferocia, si è taciuto finora sul timore che avesse potuto alla per fine stancare l'eroica moderazione serbata costantemente da questo popolo, in tutto il periodo della rivoluzione, ad onta delle non poche incredibili barbarie che giornalmente commetevansi dalla "morale" e "disciplinata" truppa del re di Napoli.
Sia però detto ad eterna gloria del popolo di Girgenti, che, astretti poscia a cedere, e

resisi prigionieri gl'iniqui autori di tanto scempio, i perfidi soldati furono anche eglino fraternamente accolti ed abbandonati solo agli strazi della loro rea coscienza in pena della nefanda scelleraggine di cui eransi mostruosamente resisi colpevoli."
Dopo la strage la Guardia nazionale decise di rompere ogni indugio e di procedere all'assedio del forte. Le operazioni che portarono alla vittoria ci vengono descritte sul "Giornale patriottico" sopra citato: "Dopo gli avvenimenti del 22 gennaro ultimo, la guarnigione dei soldati regi si era rinserrata nel forte del sottoposto Molo, e nel castello attaccato a queste prigioni.
Si erano tirati i ponti della torre e si erano disposti a reagire contro i cittadini nel caso d'un assalto. Ardevano i nostri di venire alle mani, e despregiando i cannoni della torre, ed il posto vantaggioso de' rinchiusi nel succennato Castello, si affidavano tutti alla bravura, al volere del cittadino, che combatte per la libertà della patria.
Il nostro "Fabio", l'esperto e valoroso comandante provvisorio, affrenò con

inesplicabile prudenza quel prematuro trasporto; e promettendo di giorno in giorno il segno dell'assalto, combinava nel tempo istesso il più sicuro stratagemma di guerra per assicurare la vittoria senza molto spargimento di sangue.

Egli comunica il suo progetto al sig. D. Vincenzo Barresi, che prescelto a Capitano per la presa dei forti del Molo, giunse ad arricchirsi di 4 cannoni; due de' quali venivano donati alla nazione da un generoso comandante di una nave Ottomana, che approdava in questo porto. Una mina impertanto si era scavata, e la torre dove si eran rinchiusi i regij era già nel punto di saltare per aria. Fu allora che il capitano Barresi comandando quei bravi, che aveva raccolti, e coadiuvato da una forza imponente, che invitava all'attacco il comandante Bianchini, alzò la fronte sicura, e minacciò l'esterminio della truppa regia, che veduta la sua misera posizione ricorre all'inchiesta d'una capitolazione per la resa. Il signor Barresi comunicò al sig. Comandante provvisorio la domanda degli

assediati, e dettati dal Comandante medesimo gli articoli di questa capitolazione ed accettate dagli uffiziali regij, tutti i forti del sottoposto Molo caddero nelle mani del popolo. Venti colpi di cannone si udivano rimbombare in Girgenti, annunziando la nostra vittoria, e vedemmo tantosto sventolare sulla fortezza la bandiera tricolore. Qui la gioia fu immensa, sincera, non attoscata da alcuna sventura; ma i soldati e gendarmi, gli uffiziali, che si trovarono rinserrati in questo castello tremarono, e si avvilirono.
Quattro de' cannoni conquistati erano già in Girgenti, ed un'altra mina penetrata sotto gli edifizi del castello medesimo. I cittadini correvano all'assalto, fra le voci di gioia, e del più glorioso entusiasmo. Il sig. Comandante colonnello Pucci si vide perduto, e perduta con lui tutta la forza regia. Così ricorre tantosto alla mediazione del console Romano e Spagnuolo sig. D. Domenico Lalomia primo tenente di vascello dello Stato Pontificio, e chiese per di lui mezzo una capitolazione.

Così la prudenza d'uno solo, il valore nostri, la bravura di coloro che eseguirono il piano di guerra, ottennero, in pochissimi istanti la più completa, la più gloriosa vittoria. Noi siamo vincitori, ed una stilla di sangue cittadino non ha macchiato ancora la nostra terra".(18)

Il 31 gennaio si firmarono i patti per la capitolazione delle truppe del Molo. Il maggiore borbonico Sarzana si consegnò al comandante Barresi, ma non senza aver prima avuto tutte le necessarie assicurazioni di avere salva la vita sua e quella dei suoi soldati. Si decise inoltre che:

1) tutte le munizioni di guerra e le armi che si trovano nel forte e nella lanterna saranno consegnati al maggiore Barresi che le terrà agli ordini del Generale Bianchini.

2) Il maggiore Barresi assistito da persone idonee farà un verbale di consegna di tutti gli oggetti.

3) I componenti della milizia regia che vorranno giurare la Costituzione saranno mantenuti nei gradi occupati.

4) A chi non vorrà servire alla Nazione si accorderà un migliatico ed un foglio di via.

La sera seguente, a Girgenti, il colonnello comandante della provincia, Giovanni Pucci, il mediatore Domenico Lalomia e il comandante dei rivoluzionari Gerlando Bianchini siglarono l'atto di capitolazione delle truppe del regno di Napoli e cessarono le ostilità.

Ecco il verbale della storica vittoria degli agrigentini sulle regie truppe:

"Piazza di Girgenti Capitolazione Fra il sig. Colonnello Cav. D. Giovanni Pucci, Comandante le armi reali nella provincia di Girgenti, ed il comandante provvisorio del comitato della suddetta provincia sig. Cav. D. Gerlando Bianchini, con la mediazione del vice Console D. Domenico La Lumia del regno di Spagna e dello Stato Pontificio, primo tenente di vascello di S.S. Pio IX. Visto l'art. 145 e seguenti della Reale ordinanza di piazza, essendo stata presa la piazza del Molo, trovandosi egualmente minacciate le forze del Castello, siccome la forza sotto gli ordini suoi, sig. Comandante provvisorio, ed il popolo armato è molto maggiore, che farebbe versare un sangue inutile, accetto che la forza del Castello marciasse in sezione per recarsi nel quartiere generale di S. Francesco scortata da di lei dipendenti, dovendo la forza di Gendarmeria conservare i loro rispettivi equipaggi, cavalli e bordatura, essendo detti oggetti di proprietà degl'individui, dovendo ricevere tutti quelli che bramano ritirarsi alla loro patria i trattamenti prescritti nell'ordinanza amministrativa militare vigente, non che l'imbarco per traversare, onde recarsi nelle loro patrie, e finché non gli sarà apprestato l'imbarco, corrispondergli gli averi dovuti.

Gli uffiziali conserveranno le loro armi, il loro equipaggio e cavalli. La Guardia del

Castello darà la consegna delle carceri a quella persona destinata dal capo provvisorio, il quale egli rilascerà debita ricevuta. Le armi della truppa non che le munizioni, meno le giberne dei gendarmi, e cuojame che sono di loro proprietà dovranno essere consegnate alla persona che ella destinerà mediante verbale di consegna.

Oggi il 1febbraio 1848 alle ore 23.

Il Colonnello: Comandante della Provincia, Giovanni Pucci.

Ratificato: Gerlando Bianchini.

Il mediatore: Domenico Lalumia".

A Girgenti i Borbonici arrivarono al Molo con una nave militare per imbarcare i soldati che il comitato agrigentino teneva prigionieri, vi furono momenti di tensione perché la presenza della nave nemica venne avvertita come una nuova minaccia.

Scese al Molo il comandante della marina borbonica Jauch e "il popolo, credendo che quello fosse uno sbarco di truppe nemiche, si armò e si portò al porto, dove incominciò una fitta scarica di fucileria contro quel naviglio, mentre a Girgenti, illuminata a festa, vigilava la Guardia Nazionale e tre cannoncini venivano posti a difesa del Palazzo di Bianchini, dov'era riunito al completo il comitato provvisorio.

Tra le grida e gli schiamazzi, finalmente, verso mezzanotte, un ufficiale riuscì a sbarcare, e salì a Girgenti, dove, dicendo di essere latore di una lettera per il presidente, chiese di potergli parlare. La lettera scritta da Ruggero Settimo diceva di consegnare al porgitore i prigionieri borbonici che si trovavano nella provincia di Girgenti. Il Bianchini ne ordinò la consegna". (19)

Così non una goccia di sangue borbonico venne versata nella seconda rivoluzione agrigentina. Venne siglato l'atto di capitolazione e la città passò nelle mani del comitato rivoluzionario che celebrò la vittoria in Cattedrale con un solenne Te Deum. "Vi furono spari, suoni e scampanio", scrive lo storico Gaetano D'Alessandro.

Il Vescovo di Girgenti, Domenico Lo Jacono, convintissimo filo-borbonico, non si presentò e tenne l'omelia il canonico liberale Crisafulli. La capitolazione dei Borboni segnava anche momentaneamente la sconfitta del clero agrigentino, che in gran parte si era stretto attorno al Vescovo e contro la rivoluzione.

Lo scontro tra mons. Lo Jacono e i rivoluzionari fu durissimo. Il Vescovo non volle recarsi a Palermo quando si aprirono i lavori del nuovo Parlamento siciliano (di cui tutti i Vescovi siciliani facevano parte per diritto) e vi venne condotto con la forza, ma ugualmente rifiutò di partecipare ai lavori parlamentari e per alcuni giorni si temette per la sua sorte.

Sul comportamento di Monsignor Lo Jacono durante la rivoluzione si può leggere tra l'altro quanto riportato su un "Estratto" che metteva insieme vari articoli pubblicati da giornali siciliani che stigmatizzavano l'ostinazione del vescovo agrigentino a non presentarsi a Palermo per partecipare ai lavori del Parlamento. Uno dei più severi censori del comportamento del Lo Iacono fu Saverio Friscia di Sciacca.

Il vescovo venne poi costretto a recarsi a Palermo e a tale scopo venne prelevato da una Compagnia d'armi dal Palazzo vescovile.

Dopo la rivoluzione Lo Jacono pubblicò in appendice ad una enciclica un memoriale per difendersi dalle accuse e dare la propria versione.

Partiti gli ultimi Borbonici, i nuovi nemici della rivoluzione diventavano i ladri, i briganti e tutti coloro che intendevano approfittare della rivoluzione per creare disordine ed anarchia e poter meglio organizzare vendette e rapine.

La reazione del Bianchini fu durissima: vennero eseguite decine e decine di condanne a morte e la Guardia nazionale perlustrava giorno e notte anche le campagne vicine intervenendo duramente contro i rei. Avvennero gravissimi fatti di sangue che turbarono molto la vita della città. Si cominciarono a sussurrare ingiurie anche contro Bianchini e quelli che amministravano la cosa pubblica.

Scrive Francesco Paolo Diana: "Il primo decreto che emise (Bianchini), come presidente del comitato, fu quello di evitare in quel tempo di lotta contro la delinquenza, i furti, ai quali miravano gl'ingordi malviventi; e ordinò che il furto sarebbe stato punito colla pena di morte.

E il domani di quel decreto furono trovati due uomini uccisi, presso la Chiesa di San Francesco di Paola, sul petto dei quali era la striscia di carta, su cui stava scritto: ucciso perché ladro. E un altro esempio di giustizia spicciativa, dato in quei giorni torbidi, elevò il prestigio delle autorità, ch'era assai scosso, ispirò lo sgomento negli animi dei facinorosi e rimise per alquanto tempo l'ordine e la tranquillità nel Comune.

Abitava nella casa dirimpetto il Palazzo Panitteri, nella via Atenea, un vecchio e buon sacerdote di nome Fardella. Non aveva parenti e viveva con un servitore. Era ritenuto ricco e, a scopo di furto, venne di notte tempo barbaramente assassinato nella propria abitazione e derubato del denaro e degli oggetti preziosi che teneva in casa. Fatto giorno, la notizia di quel crudele assassinio si sparse celermente per tutta la città che ne restò sgomenta e scossa a dolore.

Si scopersero gli assassini, che erano il servitore, il quale era fuggito, e due Girgentini di cognome Romano e Carrabba: si trovarono gli oggetti rubati e il denaro, e gli assassini furono arrestati.

Accertata in modo assoluto la prova del reato, si riconobbe la inutilità del processo, e i due arrestati furono condannati a morte.

Si riunì subito tutta la Guardia Nazionale; i condannati furono condotti nella Chiesa di San Giovanni. Si invitarono per assisterli i primi due sacerdoti che s'incontrarono per via, e verso l'ora di mezzogiorno, mentre si celebravano le esequie, nella Chiesa di San Francesco d'Assisi, per il sacerdote

assassinato, la campana della Chiesa di San Giovanni suonava a lenti rintocchi l'agonia dei condannati, che furono condotti fuori di Porta di Ponte, presso la chiesuola della Madonna delle Grazie, dove vennero fucilati da tutta la Guardia nazionale. E l'esempio fu efficacissimo". (20)
Si dovette spesso intervenire anche per ristabilire l'ordine nelle campagne. Compito ingrato che si dovette assolvere con l'ausilio di pochi uomini della Guardia nazionale. Le Compagnie d'Armi incaricate di difendere Girgenti e il suo circondario dai malviventi erano capitanate da Sebastiano Bianchini, il figlio del capo provvisorio, Enrico Macaluso (che però presto rinunciò e venne sostituito da Vincenzo Ricci-Gramitto, figlio di Giovanni) e Giuseppe Bianchini (soprannominato "Campagna"). Giannizzeri vennero chiamate le guardie municipali incaricate di prevenire furti e aggressioni.
"Per mantenere l'ordine e la sicurezza si procurarono dal Vescovo, dagli ecclesiastici, dai monasteri, dai possidenti e

dai negozianti, a varie riprese, molte centinaia di onze, per distribuirle alla persone cui mancava il lavoro (...). Erano corsi quattro anni di carestia e le continue piogge avevano fatto cessare ogni lavoro di campagna ed ogni commercio, la miseria quindi, ch'era stata grande negli anni precedenti, ricompariva forte in questo inverno del '48.

Dai nemici del nuovo stato di cose, che fra loro andavano ammutinandosi, si spargeva che la carestia era prodotta dall'insurrezione, e si spingeva la classe dei proletari a chiedere ai capi del Comitato e agli agenti della Nazione quei soccorsi che non avevano mai osato chiedere al Regio Governo, come se la rivoluzione avesse fatto rinvenire tesori da spandere, senza riscuotere alcun dazio.

Nella divisione poi di queste somme, così scarse per il grande numero dei chiedenti, si cominciò a sussurrare e poi a buccinare ingiurie gravissime contro il Bianchini e contro tutti quelli che erano a capo della cosa pubblica.

Le calunnie furono architettate da non pochi almanacconi, nemici della libertà, e furono prontamente e cordialmente credute, perché il popolo, grande nell'invidia e nella mormorazione, trovava una voluttà di vendette in quelle infamie". (21)
Il comitato agrigentino l'otto febbraio 1848 poté finalmente operare nella pienezza dei suoi poteri. Per voto unanime, esso si divise in quattro sezioni. Bianchini stesso informò i cittadini di Girgenti con il seguente avviso: "Il Comitato di questo capovalle, riunitosi in seduta generale, l'8 febbraio 1848, con deliberazione dello stesso giorno, ha stabilito quanto segue: il corpo deliberante, visto il proclama dato in Palermo, volendo del tutto uniformarsi alle disposizioni con le quali si è regolata la capitale, stabilisce che da oggi in poi, finché non sia in altro modo disposto superiormente, il nostro comitato si ripartisce in quattro sezioni; classificate come appresso:

Comitato di Guerra: marchese Dima Borsellino, presidente; D. Salvatore

Merlini, vice presidente; D. Pasquale Mendola, Dr Giovanni Panitteri, D. Nicolò Ugo, Dr. Mariano Gioeni, D. Calogero Caratozzolo, D. Raffaele Politi, Dr. Giuseppe De Luca, segretario.

Comitato di Finanza: marchese D. Giuseppe Giambertoni, presidente; D. Ignazio Genuardi, vice presidente; D. Francesco Contarini, Dr. Salesio Bartoli, Cav. Fulvio Celauro, Cav. D. Francesco Gioeni, Avv. Giuseppe Caruso, D. Gaetano Carrano, D. Calogero Lo Presti, segretario.

Comitato di Giustizia, Culto e Sicurezza: Cav. Giovanni Gioeni, presidente; Dr. Francesco De Luca, vice presidente, Dr. Saverio Imbornone, D. Vincenzo Amico, Dr. Filippo Montalbano, D. Giuseppe Cardella, Dr. Giambattista Picone, segretario.

Comitato di Amministrazione Comunale Istruzione pubblica: Barone Celauro, presidente; D. Antonino La Lumia, vice presidente; Dr. Michele Sclafani, D. Pasquale Vaccaro, D. Giuseppe Cacciatore, Dr. Giuseppe Serroy, Dr. Gaetano Nocito, Dr. Baldassare Drago, D. Vincenzo Beneficiale Crisafulli, Dr. Giuseppe Picone, Dott. Domenico Bartoli, segretario". (22)

Vennero creati quattro organismi per tutti gli affari amministrativi, nuovi uffici, nuovi magistrati, anche se continuò a rimanere in vigore il codice penale borbonico. Vennero eletti innanzitutto i nuovi magistrati. Alla presidenza del Tribunale Civile venne chiamato l'avvocato Nicolò Dara.
Fu riconfermato Presidente della Gran Corte Criminale l'avvocato Manni di Messina. Pochi giorni dopo, il 12 febbraio, si riunì anche il comitato provinciale, che prese visione della nuova Costituzione concessa da Ferdinando II il 29 gennaio. I rappresentanti dei Comuni agrigentini chiesero all'unanimità una Costituzione separata per la Sicilia.

Un articolo in particolare non piaceva, il numero 87, che affermava: "Talune parti di questa Costituzione potranno essere modificate nei nostri domini al di là del Faro secondo i bisogni e le condizioni particolari di quelle popolazioni".

Molti a Girgenti condividevano l'opinione di Pietro Lanza di Scordia, secondo cui quell'articolo "significava nessun riconoscimento dei diritti antichi della Sicilia e con essi della Costituzione del 1812, e perciò annullamento assoluto degli effetti del simbolo e del significato evidente della rivoluzione siciliana".

Da Napoli si promise di riaprire il Parlamento Siciliano e si offrì a Ruggero Settimo la carica di luogotenente. Per tutta risposta il comitato generale decise di rompere ogni indugio e di indire per il 15 marzo le elezioni per il rinnovo del Parlamento Siciliano.

Giunse il giorno delle elezioni dei nuovi deputati al parlamento siciliano: Girgenti scelse Nicolò Dara, il sacerdote Giuseppe De Castro, l'avvocato Giuseppe Drago e il colonnello Gerlando Bianchini. "Il partito degli assolutisti, che aveva saputo attirare a sé i moderati, i timidi e i non curanti - scrive Gaetano D'Alessandro - considerava questa elezione come un vero trionfo sui più caldi rivoluzionari e ne esultava coi modi più festivi e clamorosi.

Un popolo numeroso, trascinato dai capi, sotto apparenza di rendere omaggio al merito degli eletti, che in fondo erano poi uomini di merito, qualunque fossero le loro idee politiche, percorse le vie principali della città, gridando: "Viva Pio IX, viva la religione, viva Girgenti, viva i suoi rappresentanti", e percorrendo parte della via maestra e di san Girolamo, si ferma davanti la casa De Castro. Questi, fattosi al balcone, ringraziò il pubblico e parlò del suo poco merito e del buon volere che prometteva.

Dallo stesso balcone il dottor chirurgo Gregorio Gallo, rispose per il popolo, parlando dei meriti dell'eletto. Poi la popolazione mosse verso il palazzo vescovile e quindi immense voci di "Viva

Monsignor Vescovo, viva la religione!". Il Vescovo benedice, ringrazia, raccomanda l'ordine, la virtù e la religione, e poi sapendo quanto stava a cuore di tutti il censimento dei feudi vescovili, promise censirli e terminò il suo discorso dicendo: "Signori, i feudi del Vescovo sono vostri!".
Allora uno scoppio delirante di evviva, di lodi e di ringraziamenti assordò l'aria. Da qui la moltitudine piegò verso le case dei signori Drago e De Castro. Il Dott. Drago promise sacrificare le proprie facoltà, le sue sostanze e persino la vita stessa per il bene pubblico e per quello della città, e nel caso che fosse venuto meno alle promesse, invocava sul suo capo tutte le maledizioni, ch'egli veniva enumerando ad una ad una.
Il Canonico De Castro volle accingersi del pari a parlare al popolo, ma, soverchiato dalla pienezza degli affetti, un misto di pianto e di singhiozzi ne impedì ogni parola". (23)
Il 25 marzo si riunì a Palermo nella Chiesa di San Domenico il Parlamento Generale di Sicilia. Era costituita da due camere, quella

dei Pari formata dagli ecclesiastici e dai nobili e quella dei Comuni, formata dai rappresentanti della popolazione siciliana.
Tra i deputati della valle di Girgenti nella Camera dei Comuni (in tutto 23) meritano in particolare di essere menzionati anche Francesco Crispi da Ribera, l'avvocato Giuseppe Drago da Raffadali, il dott. Saverio Friscia da Sciacca. I Pari della valle agrigentina erano: il vescovo Domenico Lo Jacono, Del bosco e Morreale Caterina per la paria di Castrofilippo, Gravina e Grifeo Eleonora, vedova marchese di S. croce per la paria di Montevago, Michele Gravina per la paria di Raffadali, Naselli e Galletti Baldassare per la paria di Aragona, Tommasi Giulio, duca di palma di Montechiaro, cav. Cesare Airoldi, duca di Bivona. (24)
Il nuovo parlamento discuteva intorno alla decisione di dichiarare decaduta la dinastia borbonica in Sicilia e intanto proclamava indipendente la Sicilia e si riservava di dichiarare l'Isola regno costituzionale indipendente.

I Borboni non disperarono di giungere ad un accordo e chiesero la mediazione degli inglesi. Lord Minto propose che venisse concessa alla Sicilia una Costituzione separata. Ma alla fine l'accordo non fu possibile perché i Siciliani non solo insistevano nel volere la costituzione del 1812, ma pretendevano che nell'Isola vi fossero soltanto truppe composte di Siciliani. Ferdinando II stabilì che in Sicilia vi fosse un luogotenente nominato fra i principi della famiglia reale o fra i più autorevoli cittadini dell'isola, assistito da un consiglio di tre ministri per il Culto, Grazia e Giustizia, per l'Interno e per le Finanze, e da un segretario, e affidò la luogotenenza a Ruggero Settimo, affidando i ministeri a quelle stesse persone che presiedevano i consigli del Comitato generale e convocò il parlamento per le opportune riforme da fare alla costituzione del 1812.

Lord Minto portò a Palermo tali deliberazioni, ma il parlamento siciliano dichiarò che non erano accettabili, e propose piuttosto le seguenti condizioni:

"Che ....Il re avesse il titolo di re delle Due Sicilie; il suo rappresentante in Sicilia chiamato viceré fosse un membro della famiglia reale o un siciliano; l'ufficio di viceré fosse investito irrevocabilmente di un perfetto alter ego con tutte le facoltà e tutti i vincoli che la costituzione del 1812 dà al Potere Esecutivo; si rispettassero gli atti e gli impieghi fatti o dati dal Comitato generale e dagli altri Comitati dell'isola finché durerebbe la loro autorità; entro due giorni le milizie regie sgombrassero le due fortezze che occupavano a Messina e a Siracusa e fossero demolite quelle parti delle stesse fortezze che potrebbero nuocere alla città a giudizio dei Comitati o, in mancanza, dei magistrati municipali; i ministri di guerra e marina, degli affari esteri e gli altri per affari di Sicilia risiedessero presso il viceré e fossero responsabili ai termini della Costituzione; la Sicilia non dovesse riconoscere alcun ministro degli affari siciliani a Napoli; infine, formandosi una lega commerciale e politica con altri Stati Italiani, che era il desiderio di ogni Siciliano, la Sicilia vi fosse rappresentata distintamente, al pari d'ogni altro Stato, da persone nominate dal potere esecutivo con residenza in Sicilia".

Ferdinando fece sapere che non poteva accettare le proposte dei Siciliani e pubblicò questa dichiarazione:

"Visti i reali decreti relativi alla Sicilia del giorno 6 del corrente mese (n.d.r. marzo); considerando che qualsiasi modificazione alle concessioni contenute in quei decreti per assicurare la durevole felicità dei nostri amatissimi sudditi al di là del Faro, eccederebbe i nostri poteri e violerebbe l'unità ed integrità della monarchia e la costituzione da noi giurata, dichiariamo di protestare, e con il presente solennemente protestiamo, contro qualunque atto che potesse aver luogo nell'isola di Sicilia che non fosse pienamente in conformità ed esecuzione degli accennati decreti, agli Statuti fondamentali ed alla costituzione della monarchia, dichiarando da ora per sempre illegale e nullo qualunque atto in contrario".

Così la decisione della controversia era affidata ormai alle armi.

Si decise di affidare il trono della Sicilia ad Alberto Amedeo di Savoia, ma né lui alcun altro nessun principe. Intanto giunse la notizia che a Napoli Ferdinando II aveva promosso una controrivoluzione con l'aiuto della popolazione rimasta fedele e del reggimento svizzero, costringendo molti liberali alla fuga dalla città. Aveva quindi sciolto il Parlamento e formato un nuovo ministero con elementi più moderati. Per riconquistare la Sicilia, Ferdinando nominò comandante del corpo di spedizione, composto di 20.000 uomini, il generale Carlo Filangieri. Le truppe salparono da Napoli il 30 agosto.

La Sicilia si preparò all'imminente guerra per difendere il suo nuovo Statuto e il suo futuro. Anche a Girgenti vennero deliberate imposizioni fiscali straordinarie per inviare uomini e denaro a Palermo dove si organizzava l'esercito siciliano... Apparve a Girgenti un manifesto che era stato diffuso in tutte le maggiori città dell'Isola in cui si rendeva noto che il Parlamento siciliano "per provvedere con mezzi straordinari ai bisogni imperiosi della guerra imminente, decreta che 700.000 onze vengano messe a disposizione dei due ministri di Guerra e Marina e delle Finanze, ricavabili:

1) Dalla vendita o affrancazione dei canoni, censi e rendite dovute allo Stato e alle amministrazioni ad essi dipendenti, nonché ai pubblici stabilimenti e alle opere di beneficenza;

2) Da alcune imposizioni straordinarie;

3) Dall'impiego di taluni capitali nel libro del debito pubblico, sotto forma di cartelle di rendita".

Girgenti rispose con entusiasmo versando 13.000 onze, pari a lire 167.750.
Le grandi potenze intanto abbandonavano l'Isola alla sua sorte e gli Agrigentini manifestarono il loro sdegno protestando sotto la sede del Consolato inglese.

Duecento agrigentini, al comando di Antonino Lopez, partirono volontari per unirsi a tutti i Siciliani che intendevano difendere a costo della vita le conquiste della rivoluzione, ma vennero richiamati dal comandante agrigentino Mariano Gioeni che aveva appreso che una spedizione napoletana giunta a Messina il due settembre aveva conquistato la città. Messina infatti era stata sottoposta per 3 giorni (dal 3 al 6 settembre) ad un feroce bombardamento sia dalle truppe che ancora tenevano in mano la cittadella sia dal mare. Annichilita la città, si procedette allo sbarco e dopo due giorni di combattimento le truppe regie ebbero ragione degli insorti.
Bianchini e altri patrioti si recarono a Palermo per affrontare il nemico.
L'8 ottobre si arrivò così ad un armistizio di lunga durata. Ma la rivoluzione siciliana era ormai nei fatti conclusa e con il decreto del 28 febbraio 1849 (conosciuto come ultimatum di Gaeta). Ferdinando confermò l'unità del regno delle Due Sicilie con poche concessioni agli insorti. Un

manifesto murale apparve a Girgenti con tali dichiarazioni del Re e venne lacerato ovunque. Tanta gente si raduno di nuovo sotto il balcone del viceconsole inglese, Giovanni Oates, per esprimere il proprio sdegno e gridare: Guerra!

Nel pomeriggio del 14 marzo, al molo di Girgenti, giunse un vapore francese, l'Ariel, da cui erano scesi due ufficiali con un dispaccio per il vice Console inglese, Oates. La missiva conteneva l'ultimatum di Ferdinando II alla città. Gli Agrigentini risposero gridando: Guerra, Guerra e sterminio ai Borboni, sotto il balcone dello stesso Console inglese. E lo stesso console riferiva al suo collega Goodwin, che si trovava a Palermo, quanto segue: "Noi abbiamo proprio in questo momento avuto una manifestazione di slancio, di entusiasmo e sentimento popolare.

Questo dopo pranzo un vapore francese s'è ancorato nella rada e alle cinque circa il Comandante venne a Girgenti per consegnare un plico contenente la corrispondenza e il decreto o ultimatum di

Ferdinando II. Egli era appena disceso nel Vice consolato francese, che il popolo accorgevasi subito, e, non appena ne usciva, lo circondavano accompagnandolo alla casa del Vice Console britannico dove recossi con un plico simile dell'Ammiraglio Parker. Migliaia di persone circondavano il vice consolato britannico gridando: Guerra, guerra, sterminio ai Borboni! e trascorse un po' di tempo prima che si potesse dirigere loro qualche parola per fare conoscere al popolo che il Comandante non aveva una proposizione di accomodamento.

Quest'ultima parola è diventata loro odiosa. Nonostante questa dimostrazione di sentimenti, tosto che la gente ha saputo che il comandante era, o sembrava che fosse, ansioso per la propria sicurtà, immediatamente lo pregarono di uscire assicurando che lo avrebbero accompagnato fino al Molo, senza ch'ei corresse alcun pericolo. Il Comandante lasciò allora il viceconsole britannico scortato da un numero di Guardie Nazionali ed attorniato da una folla di popolani che, benché fossero molto tranquilli, non lasciavano di stordirlo col continuo grido di guerra e sterminio! tali sono i sentimenti di tutta la Sicilia. Guerra e nient'altro che guerra: questo il grido che sarà accolto con entusiasmo dai giovani e vecchi". (25)

Ma l'ultimatum venne respinto dai Siciliani e alla fine di marzo gli scontri ripresero. Il 30 marzo il corpo di spedizione borbonico, comandato da Carlo Filangeri, sbarcò sulla riviera fra Messina e Taormina. Il 31 si ebbero scontro tra le truppe siciliane e quelle borboniche presso Marina D'Alì e il 5 aprile i Borboni attaccarono Catania. La città si difese coraggiosamente.

Le truppe siciliane continuavano a subire molte perdite. Tali notizie indussero Augusta e Siracusa ad arrendersi prima dell'arrivo dei nemici.

Nell'interno i Borboni penetrarono anche in provincia di Girgenti arrivando a Ravanusa, dove si riuscì momentaneamente a fermarli. Palermo soprattutto si preparava alla più strenua difesa. Intanto venne deciso dal parlamento siciliano di concentrare le forze disponibili a Castrogiovanni, ma poi si decise di spostare tali truppe da Castrogiovanni a Palermo, lasciando sguarnito il centro dell'isola e dando la possibilità all'esercito borbonico di procedere facilmente verso Palermo. Nello stesso tempo, il comandante borbonico Satriano avendo saputo che Castrogiovanni era sta sguarnita marciò verso Caltanissetta. A Girgenti intanto vennero realizzate nuove fortificazioni: "nella Rupe Atenea fu costruito un fortino, armato di sei cannoni di dodici. Dove parvero accessibili le antiche muraglie, si cominciarono a scavare larghi fossati, e in tutti i giorni, per più settimane, si videro e donne e magistrati e forensi, sacerdoti e frati, scendere in processione con le zappe sulle spalle, se non per lavorare, almeno per animare le turbe al lavoro. Era commovente la processione dei Cappuccini. Un tamburo li precedeva, un frate laico portava sopra un'asta un quadro rappresentante il cappuccino beato Lorenzo da Brindisi, che in mezzo alla battaglia animava i cristiani alla vittoria sui musulmani". (26)

Ma tutto fu inutile. La mattina del 21 aprile l'Isola era ormai anche priva di un governo e due giorni dopo Caltanissetta veniva occupata. Anche Ruggero Settimo lasciava l'isola per andare in terra straniera. Il 22 aprile il governo rassegnò le dimissioni nelle mani della municipalità. Sotto la spinta popolare si ricostituirono le antiche corporazioni e con a capo il barone Riso si costituì un governo delle maestranze. Venne formato a Palermo un nuovo comitato di guerra con a capo Gerlando Bianchini. Ma il 1° maggio 1849 anche il nuovo governo si arrese alle truppe borboniche che erano ormai alle porte e offrì la capitolazione al colonnello Nunziante.

A Girgenti già alcuni giorni prima, i notabili agrigentini avevano deciso di raggiungere l'esercito borbonico e presentare la richiesta di perdono. Era stata diffusa da parte da parte del Satriano con cui si invitavano le autorità locali ad inviare suppliche dirette al

Re "da quanti sanno usare bene o male la penna" sostenendo che "le illusorie adesioni (n.d.r. alla rivoluzione) non furono segnate che per iscampare la vita la quale veniva minacciata a chiunque osasse mostrare in ciò fare la minima ritrosia".
Così scrivendo si sarebbe fatta passare "nell'animo dell'Augusto nostro Sovrano la dolce certezza che i suoi sudditi siciliani non hanno giammai cessato di venerarlo, ed amarlo e che durante la passata vicenda essi sono stati infelici ed oppressi, e non mai ribelli e spergiuri". (27) Quando Caltanissetta cadde, allora anche la maggioranza del popolo si convinse a deporre le armi e una commissione (composta dal cav. Maurizio Contarini, il mons. Giuseppe Oddo, il barone Carmelo Celauro, il cav. Girolamo Gubernatis) venne inviata al principe di Satriano che comandava l'esercito affinché Girgenti venisse risparmiata. Le truppe del colonnello borbonico Pasquale Flores giunsero a Girgenti il 27 aprile. Venne costituito un Consiglio di Guerra,

presieduto dal maggiore del secondo battaglione Cacciatori, Giambattista Mori.

Nelle strade della città dei Templi, già pochi giorni dopo il ritorno delle truppe borboniche, si cantava questo ritornello: "Lassa la ficudinnia / Piglia li cirasi / La nazioni nasci / E Ferdinannu trasi".

Arrivò presto anche a Girgenti la copia del decreto di amnistia generale, dalla quale sarebbero stati esclusi i capi della rivoluzione: gli Agrigentini Gerlando Bianchini, Mariano e Francesco Gioeni, Francesco De Luca, Giovanni Ricci-Gramitto, Vincenzo Barresi.

Pochi giorni dopo tutti costoro si recarono in esilio e nessuno di loro ritornò mai più in patria. De Luca morì a Malta nel 1853; Gerlando Bianchini si suicidò a Burmula, in Malta, il 22 dicembre 1852, amareggiato per l'usurpazione del trono di Francia da parte di Luigi Napoleone, ritenendo svanita ogni speranza di libertà; anche Giovanni Ricci-Gramitto si spense nel 1850 a Malta e per ultimi scomparvero nel 1857 Mariano

Gioeni a Genova e Vincenzo Barresi a Malta.

Gli Agrigentini solo nel 1881 hanno dedicato a questi patrioti una lapide commemorativa, scritta da Gabriele Dara, che ancora oggi si può vedere nella facciata del Palazzo di Città. Così recita l'epigrafe: All'emulazione dei posteri / Segna Girgenti i nomi / di / Gerlando Bianchini / Giovanni Ricci-Gramitto / Mariano Gioeni / Francesco De Luca / Vincenzo Barresi / repressa non doma - l'audace riscossa / del 1848 / di cui furon gran parte / agli agi della domestica servitù / prefersero / esilio / povertà morte / in terra straniera - addì 12 gennaio 1881.

Il 16 giugno 1849 con un'ordinanza si provvede al disarmo di tutti i cittadini della provincia di Girgenti. Venne costituito un Consiglio di Guerra, presieduto dal maggiore del secondo battaglione Cacciatori, Giambattista Mori. Quel Consiglio mandò a morte alcuni patrioti. Neppure ai civili venne così risparmiato lo "spettacolo" delle fucilazioni, eseguite presso la Porta di Ponte, nel piano di San Filippo.

Così il primo ottobre del 1849 il giudice regio Emanuele Sileci poteva rassicurare le autorità borboniche scrivendo che "ogni cittadino di Agrigento sempre di cuore attaccato all'ordine pubblico con gioja sottomettevasi a quel governo che conosceva per lo solo legittimo, e per lo solo che poteva a noi restituire la perduta pace, e dal quale erasi distanziato per non resistere alla forza e alla aberrazione.

Oggi ognuno ha scordato il passato e se per avventura potesse taluno esservi, che in apparenza volesse farla da esaltato, sarebbe di certo costui disprezzato da tutti e da nessuno seguito". (2

CENNI SUI PATRIOTI ESCLUSI DALL'AMNISTIA.

Mariano Gioeni

Mariano Gioeni nacque a Palermo nel 1819, da Gaetano dei duchi d'Angiò e principi di Petrulla e da Teresa Cottu dei principi di Roc-caforte. Rimase orfano di padre sin dalla tenera età e alla sua educa-zione pensarono i padri Scolopi del convitto Calasanzio, in quegli anni il migliore di Palermo. Ma il ragazzo era troppo vivace e la madre decise di ritirarlo dal convitto per condurlo con sé a Girgenti, dove si era stabilita per amministrare i beni della famiglia. Di saldi principi liberali, Mariano Gioeni fu tra i primi a Girgenti a mettere a repentaglio la propria vita per la causa rivoluzionaria.
Contempora-neamente al colonnello Bianchini, venne nominato comandante della Valle di Girgenti. Nel periodo in cui

don Gerlando si recò a Palermo, Gioeni prese da solo le redini del governo della provincia. Non avendo avuto l'amnistia emigrò a Malta ove continuò incessantemente a cospirare insieme ad altri illustri patrioti siciliani: Rosolino Pilo, Francesco Crispi. Giorgio Tamajo in particolare.

Si racconta che «di là spedì una volta a Girgenti per mezzo di Giovambattista Chiarelli alquanti coupons di Giuseppe Mazzini, per raccogliere somme di denaro in favore della rivoluzione italiana. Capitarono difatti a Girgenti questi coupons sotto forma di pacchi di tabacco e furono consegnati a persone ritenute liberali, le quali, forse per timore, forse per altro, invece di farne l'uso conveniente li seppellì sotto un'enorme quantità di mandorle, tanto che il Gioeni, non ricevendo alcuna risposta, fu costretto a mandare la propria moglie in Girgenti per ritirarli come di fatti avvenne. (29)

Intorno al 1855, Mariano Gioeni si ammalò di aneurisma. Per rimpatriare avrebbe dovuto firmare un atto di sottomissione alla dinastia borbonica, ma preferì rifugiarsi a Genova e lì tentare la propria guarigione. Arrivato nel capoluogo ligure con Rosolino Pilo e con il barone Cianciolo, il 25 Luglio 1857, morì quello stesso giorno intorno alle ore 22, assalito dall'inesorabile male, lasciando in condizioni non molto facili la giovane moglie e la figlia Teresa, la quale cucì la bandiera che apparve poco prima della rivoluzione del 1860 in contrada La pietra, presso il comune di Grotte.

FRANCESCO DE LUCA

L'altro patriota agrigentino inserito nella lista dei 43, Francesco De Luca era nato a Palermo, ma si era trasferito con l'intera famiglia a Girgenti, quando ancora era bambino. Si dedicò agli studi legali ed esercitò con molto successo la professione di avvocato. De Luca fu presidente del comitato di sicurezza interna della Valle di Girgenti durante la rivoluzione, Giudice della Gran Corte Criminale del Tri-bunale agrigentino e Commissario del potere esecutivo, come tale era depositario di circa 600.000 lire nel momento in cui i Borboni tornarono ad assumere il potere. Malgrado tutti insistessero perché portasse con sé quella somma e la distribuisse agli altri patrioti in difficoltà, rispose sdegnosamente: "Io posso aver perduto la libertà per opera dei Borboni, ma non l'onore per opera mia". E consegnò l'ingente somma.

GIOVANNNI RICCI-GRAMITTO

Giovanni Ricci - Gramitto venne raggiunto a Malta, pochi mesi dopo dalla moglie, Anna Bartoli, e dai sei figli: Francesco (il primogenito, aveva partecipato accanto al padre alla rivoluzione siciliana), Rosalia, (detta in famiglia « la padrina », per il fatto di essere la maggiore delle figlie, nata all'incirca nel 1831-32), Rocco (nato nel 1834), Caterina (che sarà la madre di Luigi Pirandello, nata nel 1836), Vincenzo (1839), Innocenzo (1840), Adriana (1843). Le cronache del tempo vogliono che mentre Giovanni Ricci-Gramitto lasciava Girgenti, il fratello Innocenzo, vice-Vescovo, andasse a cantare il Te Deum in Cattedrale per onorare il ritorno dei Borboni. Fu comunque il ricco sacerdote ad aiutare l'avvocato Ricci-Gramitto e la sua famiglia nelle ore più difficili dell'esilio in terra straniera, consentendo a tutti loro di vivere agiatamente fino a quando, il primo agosto 1850, l'esule non si spense a Burmula. Poco prima di morire, Giovanni Ricci-Gramitto raccolse attorno al suo letto i figli e disse loro: "Vi raccomando caramente di amare sempre la patria, anche quando ne riceviate dei torti: amatevi sempre e rispettate la vostra madre. Siate ossequienti alle legai e non avvilitevi al cospetto di nessuno". Anna Bartoli e i suoi sei figli fecero quindi ritorno a Girgenti.

Quel viaggio a Burmula della famiglia Ricci-Gramitto è entrato nella storia della letteratura italiana. Infatti Luigi Pirandello, figlio di Caterina Ricci- Gramitto e dunque nipote di Giovanni Ricci-Gramitto, ci ha lasciato di quell'episodio uno struggente resoconto in cui Caterina così descrive quegli eventi. "A tredici anni (Caterina nacque 1836), con la madre (n.d.r. Anna Bartoli, sorella del patriota Domenico, morta nel 1867), i miei fratelli, le mie sorelle, una anche più piccola di me ed anche due fratellini più piccoli, noi otto e pur così soli, per mare in una grossa barca da pesca, una tartana, verso l'ignoto.

Malta...Mio padre, compromesso nelle congiure e per le poesie politiche (ndr. da giovane era stato ricercato per un'ode intitolata "All'Italia") escluso dall'amnistia borbonica dopo la rivoluzione del 1848, era là, in esilio. E forse allora io non potevo intenderlo, non l'intendevo tutto il dolore di mio padre.

L'esilio - far piangere così una mamma, e lo sgomento, e togliere a tanti bambini la casa, i giuochi, l'agiatezza - voleva dir questo; ma anche quel viaggio per mare voleva dire, con la gran vela bianca della tartana che sbatteva allegra nel vento, alta nel cielo, come a segnar con la punta le stelle, e nient'altro che mare intorno, così turchino che quasi pareva nero; e lo sgomento, ancora, a guardarlo; ma anche quell'infantile orgoglio della sventura che fa dire a un bimbo vestito di nero: "Io sono a lutto, sai?" - come se fosse un privilegio sopra gli altri bimbi non vestiti di nero; e anche l'ansia di tante cose nuove da vedere, che ci aspettavamo di vedere con certi occhi fissi fissi che per ora non vedono nulla, fuorché la mamma là che piange tra i due figli maggiori che sanno e capiscono, loro sì...e allora noi piccoli, le cose da vedere là, nell'ignoto, pensiamo che forse non saranno belle.

Ma l'isola di Gozo, prima... poi Malta...belle! con quel paesello bianco di Burmula, piccolo in una di quelle azzurre insenature... Belle da vedere le cose, se non ci fosse la mamma qua che seguita a piangere. E poi presto dovemmo capire anche noi piccoli, noi più piccoli, presto.

Venivano i grandi, nella nostra casa, a trovare mio padre; e tutti erano tristi e cupi, come sordi; e pareva che ciascuno parlasse per sé di quello che vedeva: la patria lontana, ove il dispotismo restaurato faceva strazio di tutto; e ogni loro parola pareva scavasse nel silenzio una fossa. Loro erano qua, ora, impotenti. Nulla da farci! E chi, appena poteva, per non struggersi lì in quella rabbiosa disperazione, partiva per il Piemonte, per l'Inghilterra...Ci lasciavano. Con sette figli e la moglie, mio padre che altro poteva, se non dire addio a tutti quelli che se n'andavano, addio anche alla vita che se n'andava?

La rabbia e il peso di quell'impotenza, l'avvilimento di vivere dell'elemosina di un fratello (ndr. il canonico Innocenzo Ricci-Gramitto, potente e colto prelato agrigentino) che era stato costretto a cantare nella Cattedrale con gli altri del Capitolo il Te Deum per Ferdinando lo stesso giorno della partenza di lui per l'esilio; un cordoglio senza fine, la sfiducia che non avrebbe veduto il giorno della vendetta e della liberazione, ce lo consunsero a poco a poco, a quarantasei anni.
Ci chiamò tutti attorno al letto il giorno della morte e si fece promettere e giurare dai figli che non avrebbero avuto un pensiero che non fosse per la patria e che senza requie avrebbero speso la vita per la liberazione di essa.
Ritornò la vedova, ritornammo noi sette orfani in patria, mendichi alla porta di quello zio che finora ci aveva mantenuti nell'esilio: veramente santo, veramente santo, perché il bene che ci fece e continuò a farci senza mai un lamento, era a costo per lui di paure da vincere ogni giorno, d'offese

da sopportare fingendo di non notarle, offese alle sue abitudini, alle sue opinioni, ai suoi sentimenti, e anche a costo di certe piccole grettezze da superare, che ce lo rendevano tanto più caro, quanto più vedevamo ch'egli cercava di sottrarvisi con comici sotterfugi, con ingenue arti che ci facevano sorridere pietosamente.

Tante volte tu (ndr. qui la madre si rivolge nella finzione letteraria al figlio Luigi Pirandello) sentisti dire da me: Lo zio Canonico?.. - Ma che puoi sapere di quella sua casa antica, com'era, che sapor di vita vi alitava, com'era lui piccolo (grande di busto, piccolo di gambe), così piccolo piccolo che in piedi era più corto che seduto, ma bello di volto, e poi con un certo suo curioso intercalare: -

« Cattari! Cattari! Avrei potuto giurare, effettivamente... » - mentre si guardava le unghie, con gli occhi bassi.

E la paura che aveva dei tuoni! e certe prepotenti curiosità proibite che lo traevano a leggere di nascosto nella Battaglia di Benevento la storia dei Papi e di tratto in tratto lo sentivamo gridare, mentre chiudeva di furia il libro e vi dava un pugno sopra: «Ma questo è un pazzo!» - e poco dopo tornava a leggervi daccapo. Povero zio!

Fummo pure ingrati qualche volte... quella volta per esempio, che la sbirraglia borbonica venne a fare una perquisizione anche nella casa di lui, per i miei fratelli che erano già cresciuti e congiuravano, e io giovanetta, nel vederlo troppo impaurito e troppo ossequioso tremare innanzi a quei musi, gli gridai: «Ma non abbia paura lei! Tanto lo sanno bene che lei andò a cantare il Te Deum alla Cattedrale quando suo fratello fu mandato in esilio!" - E lui, poverino, s'allontanò esclamando e guardandosi le unghie: - «Cattari, che femmina, cattari che femmina!» (30)

VINCENZO BARRESI

Nacque da modesti genitori il 6 settembre 1805. Compì gli studi nel collegio nautico di Palermo, conseguendo all'età di 25 anni il titolo di capitano d'altura e fece i suoi primi viaggi su un bastimento del barone Riso, che presto gli affidò la sovrintendenza delle dogane di Girgenti e di Siracusa. Conclusa questa esperienza di lavoro, si trovò in ristrettezze economiche e rimase al Molo di Girgenti.
Scoppiata la rivoluzione egli congiurò con alcuni amici nella piccola borgata ive risiedeva e lavorava. Tra i suoi amici vi era il segretario del comando della piazza militare presso il molo, Milanovich, che coinvolse nella cospirazione. Barresi si mise a capo di un manipolo di rivoluzionari che decise di espugnare il forte che si trovava nella Torre di Carlo V al Molo di Girgenti. Circondò quella fortezza costringendo il maggiore borbonico Sarzana alla resa.

Il colonnello Bianchini nominò Barresi capo della commissione autorizzata a firmare la capitolazione dell'esercito borbonico rinserrato nella torre empedoclina. Il forte passò in potere dei rivoluzionari guidati da Barresi. E questi si affrettò a fare sventolare sulla sua sommità la bandiera nazionale. Successivamente fu nominato maggiore della guardia nazionale di Girgenti. Escluso dall'amnistia, morì in esilio a Malta.

GERLANDO BIANCHINI E GLI ESULI DI MALTA

Grazie alle ricerche dello storico Luigi Giuliano siamo in grado di ricostruire gli ultimi anni di vita di Gerlando Bianchini, esule anche lui a Malta.

Occorre innanzitutto partire da un avvenimento storico di grande importanza per la storia d'Italia: nella seconda metà del 1850 Giuseppe Mazzini, triumviro della Repubblica Romana, fondò a Londra il comitato nazionale italiano.

Tra i primi a raccogliere l'appello di Mazzini per un'Italia unita e repubblicana troviamo gli esuli siciliani a Malta. In questa piccola isola gli sfortunati patrioti erano divisi in tre gruppi politici: repubblicani unitari, repubblicani federalisti, costituzionali. Nel 1851 anche a Malta venne costituita una sezione del comitato nazionale mazziniano e fra le varie tendenze politiche prese decisamente il sopravvento l'idea unitaria del patriota genovese.

Il 28 maggio 1851 in casa del generale Gerlando Bianchini (a Malta), si costituì un comitato di esuli, che risultò composto dei seguenti patrioti: generale Bianchini, dott. Ignazio Riccioli, Tommaso Masaraccio, barone Pancali e Mariano Gioeni.

Il nuovo comitato decise di inviare una copia dell'atto di costituzione a Giuseppe Mazzini per mezzo di Emilio Sceberras, che era il principale agente del patriota genovese nell'isola di Malta.

Il comitato maltese, divenuto intanto più numeroso, si radunò una seconda volta il primo giugno per procedere all'elezione del presidente e del segretario. Riuscirono eletti all'unanimità: presidente il generale Gerlando Bianchini, segretario Giuseppe Riccioli. Durante la stessa seduta vennero accolte le dimissioni di Mariano Gioeni e il comitato decise inoltre di mettersi in relazione con i liberali di Siracusa. La corrispondenza tra i patrioti maltesi e quelli di Siracusa e di Augusta veniva recapitata dai coraggiosi capitani dei velieri. Il comitato di Malta non rinuncerà mai al tentativo di preparare l'insurrezione italiana. A tale scopo i patrioti pensavano soprattutto a procurarsi armi e munizioni in grande quantità e a mantenere vive relazioni con i maggiori liberali siciliani per promuovere la rivoluzione. In tal modo il comitato ebbe certamente il merito storico di aver diffuso in Sicilia, in anni così difficili e rischiosi, l'idea dell'unità nazionale.

Riportiamo integralmente uno degli ultimi documenti del comitato maltese, quello del novembre 1851, che bene esprime gli ideali politici dei patrioti siciliani che ne facevano parte e del loro presidente, il patriota agrigentino Gerlando Bianchini:

"Attese le urgenti attualità, si è deliberato onde ogni mezzo si adoperi per preparare l'insurrezione italiana, e d'una parte il Comitato mettersi sotto gli auspicii e l'assoluta dipendenza del Comitato generale in Londra - dall'altra nominare delle commissioni operative, onde non si ritardi tempo, né mezzi possibili per offrirsi all'insurrezione.

E dapprima il Comitato, non riconoscendo altro canale, né altro programma, né altri principii al di fuori di quelli emanati dal Comi-tato Nazionale Italiano, protesta non aderire a Comitati o commissioni, che non si conformino intieramente al lavoro complessivo Unitario Insurrezionale, e sotto la dipendenza assoluta del Comitato Nazionale Italiano; onde, a scanso di qualunque equivoco o spirito di parte, il Comitato senta la coscienza d'aprire d'oggi innanzi le sue relazioni con quel Comitato direttamente, né riconoscerà nessun altro delegato o commissario se non sia legalmente riconosciuto dal Comitato Centrale, o che non sorga dalle nostre medesime professioni di fede, o del voto generale dell'esilio.

In secondo - il Comitato ha eletto una commissione che si occuperà per l'acquisto delle armi possibili e munizioni di guerra, e d'un lavoro di relazioni cogli uomini della terra del dispotismo, onde avere un nucleo di forze e d'altri mezzi necessari sul momento ed al segnale dell'insurrezione.

Il Comitato, a di più ispirandosi ai lumi del Comitato Centrale è riuscito a poter riannodare ogni capacità rivoluzionaria e servirsi dei nomi di vera fiducia che lasciarono nella nostra patria espandendo, presso le oppresse popolazioni come parimenti di quegli uomini che serbano tuttora nel seno della patria nostra, fede immacolata di principii democratici e cittadine virtù, i quali tutti dovranno giovare alla redenzione dell'Italia; quindi, essendo la rivoluzione solo questione di fiducia, il Comitato cerca di evitare gli uomini sfiduciati, i quali concorsero direttamente ed indirettamente, all'infelice crollo del nostro paese e quanti pure, a cagione delle passate vicende, furono colpiti dall'anatema della pubblica opinione: e ritiene anche, come scrupoloso principio, scansare le associazioni le più lievi con coloro che sanno del difetto della malafede, dell'inganno, della cattiva amministrazione, dell'appropriazione del denaro pubblico, dei speculatori politici e dei traditori.

Il Comitato, assumendo il voto presuntivo del popolo coglie an-che l'occasione per manifestare che Garibaldi, uomo di pubblica fiducia, possa dirigere re operazioni di Sicilia, contro il dispotismo del re Ferdinando; e prega il Comitato Nazionale Italiano, onde ce ne dia manifestazione". (31)

Poco più di un anno dopo, Gerlando Bianchini, ridotto alla miseria per la confisca dei propri beni e soprattutto amareggiato per l'usurpazione di Francia da parte di Luigi Napoleone, con la quale ritenne svanita ogni speranza di libertà, pose fine alla sua vita avvelenandosi. Era il 22 dicembre 1852.

IL VESCOVO DI GIRGENTI E I MOTI DEL 1848

Una voce popolare voleva che il Vescovo di Girgenti, Mons. Francesco Maria Lo Jacono, avesse ricevuto dallo stesso Ferdinando II il titolo di Colonnello. Vera o falsa quella voce, è cer-to che l'attaccamento alla dinastia di Ferdinando II da parte del prelato agrigentino era ben radicata e la sua reazione agli eventi del 1848 era quindi ampiamente prevedibile.

Già ne omelie pronunciate alcune settimane prima dell'inizio di quegli eventi troviamo elementi sufficienti per attenderci la prevista reazione del Vescovo.

Il primo di novembre del 1847, giorno di Ognissanti, cosi monsignor Lo Jacono commentava le beatitudini evangeliche: "La pace, dice S. Agostino, è la tranquillità dell'ordine. Dio vuole la pace nel creato nella famiglia, ma anche nei Regni. Ogni anima deve essere soggetta alle sublimi Potestà, a' principi, al Re (Rom. XIII). E poi che i servi (ubbidissero) a' loro padroni; poi che i figli a' loro genitori, e poi che i sudditi ubbidissero a' loro superiori, a' principi, a' sovrani e non per timore, ma per coscienza, e non come a uomini, ma come a Dio, di cui sono rappresentanti e ministri, perché da Dio discende ogni patronanza e paternità, ogni Sovranità e dominio"

Il Vescovo invitava inoltre in quell'occasione i fedeli a pregare per il Re e per tutte le autorità. Ricordava che tra i martiri e i santi venerati dalla cristianità "non v'è ne fu alcuno che disturbate avesse le città, le Provincie, i regni", né alcuno che avesse tentato di "rovesciare l'ordine costituito dalle civili società". Tanti santi tentarono di migliorare le condizioni dei sudditi ma "non mai con turbamenti, non mai con ribellioni".

I sobillatori invece nella storia sono stati "i cittadini ingordi, che volevano tornare doviziosi con le rapine, i vendicativi che amavano sollevarsi sull'altrui rovine, ovvero per torti ricevuti, o forse solamente immaginati aspiravano alle vendette e al sangue". Questi sono i figli di Satana, fanno la guerra alla Chiesa oltre che agli Stati.

Simili considerazioni il Vescovo fece anche nell'omelia pronunziata nel Natale del 1847, rispondendo in quell'occasione anche alle obiezioni che intorno alle sue convinzioni venivano mosse in quell'epoca dagli avversari. E il 15 gennaio 1848 indirizzò ai fedeli una lettera per invogliarli alla penitenza. Essa iniziava così: "Per poco che si abbia di religione e di fede ognuno deve chiaramente conoscere che la giustizia di Dio è contro noi sdegnata e ne punisce e flagella benché in modo temperato dalla cara misericordia che ci eccita a salutare penitenza.

Un morbo che addolora quasi generalmente le persone e le famiglie e che può essere foriero di morbo più terribile e micidiale, piogge dirotte e continue che ne fanno temere un infelice raccolto, quindi la povertà e la miseria, tutto ciò non può essere che l'effetto di un diluvio di colpe e peccati che, oramai, sempre più crescono senza che si pensi a Dio e all'anima.

Infatti gli omicidi e le rapine, i furti e le ubriachezze, gli adulteri, le fornicazioni, i concubinaggi, i tradimenti, le frodi, gli inganni, le prepotenze, le usure e poi le be-stemmie e poi le profanazioni di chiese e poi la noncuranza dei dì festivi, peccati son questi quanto gravi, altrettanto comuni, generali, moltiplicati..." (32)

Ma di lì a poco secondo il Vescovo la giustizia di Dio sarebbe rimasta fortemente sdegnata per quella rivoluzione che Dio stesso disapprovava considerandola deleteria, come tutti gli altri peccati sopra elencati, per la salvezza delle anime.

In particolare Monsignor Lo Jacono entrò in conflitto con i rivoluzionari a seguito del suo netto rifiuto a partecipare alle sedute parlamentari. Gli spettava infatti in Parlamento il diritto di Paria e avrebbe dovuto recarsi a Palermo, ma rifiutò sempre. Fu in particolare Friscia nella Camera dei Comuni a richiamare l'attenzione del Parlamento siciliano sull'atteggiamento del Lo Jacono. Leggiamo in un estratto del Giornale

officiale di Palermo del 27 settembre 1848, riportato dal Giornale "La Costanza":
"Il Signor Friscia di Sciacca, avuta la parola: "Signori, da talune oneste persone di Girgenti si fanno premure perché quel Vescovo fosse richiama-to in Palermo, ove non è stato possibile farlo venire. Egli colle prediche, e confessioni reprime lo spirito pubblico, e manda in giro delle stampe, che fa pubblicare dai Superiori locali a lui dipendenti".
Il ministro del culto signor Viola dice: "Gli ho scritto due volte oltre a tant'altre dei miei antecessori, e non si è degnato rispondere".
Il Parlamento decreta: "Articolo unico. Il potere esecutivo è autorizzato a chiamare alla capitale quei Vescovi di Sicilia e tutte le altre autorità ecclesiastiche, cui avrà bisogno di comunicar sue governative disposizioni, ed ove non sia infra otto giorni ubbidito, passerà tosto al sequestro fiscale dei beni tutti delle loro mense o benefizi, ecc...".
Altre volte viene rimproverato al Vescovo Lo Jacono questo atteggiamento. Il 7

ottobre il ministro Viola gli invierà una ministeriale e così pure il 18 ottobre. Ancora il 30 ottobre è l'ufficio del po-tere esecutivo di Girgenti che gli comunica l'ordine di re-carsi a Palermo con compagni d'armi.

Grazie ad una lettera del vice console di Francia, intercettata da alcune spie, e riportata nell'estratto sopra citato, ci è noto inoltre che il Vescovo aveva tentato di raggiungere la Francia, ma non avendo il passaporto in regola ciò divenne impossibile.

Per questi suoi sentimenti filoborbonici il Vescovo di Girgenti venne più volte minacciato, con lettere anonime. Una dura campagna di stampa venne anche condotta contro Lo Jacono, in particolare dal giornale "La Costanza".

Monsignor Lo Jacono in una nota aggiunta alla omelia recitata il giorno di Pentecoste del 1850 e fatta stampare a Palermo, così giustificò il proprio comportamento e quello del clero siculo: "L'Episcopato siculo si regolò con prudenza e saggezza, e soffrì pazientemente degl'insulti.

Nella camera dei Pari non intervenne che un solo Ordinario, e dopo sette mesi, un altro, che venne a Palermo tramezzo a 19 compagni di arme. Non aprirono mai bocca, poiché era inutile il parlare, ed il loro silenzio era un eloquente riprovazione di ciò che fecesi ne' primi mesi contro la Religione ed il governo del Re; in molte cose protestarono anche altri ecclesiastici. Imperciocché in Sicilia ne' 16 mesi non vi fu mai tranquillità, era tutto in disordine e tumulto; né si poteva stampar un jotta in controsenso alla rivoluzione, niuno stampatore ne accet-tava l'incarico per sola paura.

Quando si dovevano decidere le cose più gravi, che si vo-levano, prima nei club si decidevano, e poi si andava nel co-sì detto Parlamento col corredo di moltissima gente, anche ar-mata, che riempiva le ringhiere per forzare l'adesione.

L'atto ridicolo della decadenza è notissimo, come fu fatto; talché se non fosse stato nullo, e illegale per tutt'altro, era nullo per le minacce spaventevoli, da cui furono i Pari costretti, e moltissimi oziando Deputati". (33)

Per obbligare il Vescovo di Girgenti a recarsi a Palermo, le autorità agrigentine intervennero con 19 uomini armati che lo scortarono sino a destinazione.

Anche intorno a questi eventi abbiamo in nota all'omelia di Pentecoste una testimonianza: "il Vescovo di Girgenti venne colà generalmente rispettato. Non altri men che una ventina di avventati famelici voleano far sacco e fuoco in quella città; i quali siccome circondavano il così detto Presidente del comitato, cosi or facevano suppliche anonime, ora spingevano a far rapporti in Palermo al comitato generale, da cui fu due volte chiamato il Vescovo per allontanarlo dalla sua residenza. Ma il Vescovo si scusò.

Quando il Re N. S. diede la Costituzione si volle a Girgenti un solenne Te Deum; un prete della Cattedrale chiese in pubblico facoltà al Vescovo di predicare, questi con voce altissima rispose: no ! Aprendo egli in cambio la sua pastoral voce, e non mancò del tempo, con un fervente colloquio avanti la benedizione del Santissimo. Istituito il governo coi sedicenti ministri fu scritto di nuovo a quello del culto, che lo spirito pubblico non poteva ben manifestarsi, se non si allontanava il Vescovo; fu chiamato la terza volta, e costui si negò.

Si fece in Palermo l'atto di decadenza; il consiglio civico vi aderì, altri ceti con carte separate lo confermarono, pochissimi volentieri, moltissimi per forza. Vi si volea l'adesione del Vescovo e del capitolo; il Vescovo si rifiutò, il capitolo ne seguì lo esempio. Il ministero fu cambiato: si fece rapporto nuovo al nuovo ministro, per richiamarsi il Vescovo; il Vescovo fu chiamato, ma esso però tenne fermo.

Cambiossi altra volta il ministero; altra volta si fece somigliante rapporto, e il ministro rinnovò gli ordini precedenti, e vedendo la resistenza del Prelato, promosse insieme con qualche altro deputato il famoso decreto della confisca dei beni delle mense di que' Vescovi o di altri titolari, che chiamati dal governo non ub-bidissero. Il Vescovo di Girgenti chiamato con questa minaccia, poco curando la confisca, non ubbidì.

Finalmente fu ordinato che con una compagnia di arme fosse condotto a Palermo. Si presentò al Prelato il Capitano, a cui disse: "so perché venite, voi siete il mio Radet (n.d.r. il generale francese che catturò papa Pio VII per condurlo in Francia), domani partiremo, E così dai primi di Marzo, quando fu chiamato il Vescovo, venne con 19 armati a' 24 ottobre in Palermo.

Qui fu alle prese più volte ed in persona ed in iscritto con vari ministri. Chiedevano l'ordinazione de' chierici col-la così detta dimissoria dello pseudo-cappellano maggiore; fu chiesto che istallasse canonico un sacerdote ch'ei riputava indegno, rispondendo: "voi mi fucilerete, io non soscriverò la bolla". Lo sollecitarono a pubblicare qualche pastorale, per eccitare lo spirito pubblico; voleano che sospendesse dal confessare e predicare i già disciolti Gesuiti rimasti in sua diocesi; il Vescovo con molte ragioni tutto rigettò.

Nell'ultimo abboccamento che fu clamoroso, e tenutosi in camerino, d'innanzi a cui era molta gente, che l'udiva, un ministro sì alzò e disse: "Monsignore, noi vediamo bene che la nostra causa è perduta, e le nostre teste anderanno per aria, ma prima ne andranno tante altre. Il Vescovo rispose: "signore se ciò dite per me, vi so dire che chi ha fede, e fa il suo dovere, non teme la morte, e se ciò avvenisse, ne sarei lietissimo, come di un gran guadagno, poiché da indegno Vescovo diverrei buon martire". Da Palermo comunque il Vescovo Lo Jacono riuscì a fuggire e a rifugiarsi a Gaeta e a Napoli. I beni della mensa vesco-vile vennero confiscati, mentre in sua vece in quei giorni serviva la Diocesi agrigentina il canonico monsignor Innocenzo Ricci-Gramitto.

Quando "l'ordine" venne ristabilito in tutta l'isola, il Vescovo tornò a Girgenti e immediatamente fece sentire la sua voce per deplorare gli eventi rivoluzionari e le idee che allora si erano diffuse.

Già quando si trovava a Napoli, il prelato aveva scritto e pubblicato, affinché venissero diffuse nella Diocesi di Girgenti, due encicliche, una sull'amore di patria e l'altra sul progresso.

Nella prima vengono elencati i "mali che porta con sè lo amor di patria terrestre". Nel nome del patriottismo in ogni secolo si sono commessi eccessi di ogni genere, osserva il Lo Jacono. Così, mentre si parlava di patriottismo, in Sicilia divampava quella che Lo Jacono considerava una "ignominiosa rivoluzione" e così il Vescovo descriveva quanto era accaduto: "le pubbliche vie, le campagne, le città, i comuni tornarono teatri di furti, di incendi, di assassinii, di scostumatezze, di stupri, di sangue.

Gli uomini onesti erano oppressi, i misfatti venivano apprezzati, i giornali scrivevano falsità e si contraddicevano. Il popolo veniva ingannato. Venivano imposte tasse sulle finestre, tasse sui cavalli e mule e

vendita di beni nazionali, dichiarati nazionali i beni delle chiese. Si svuotavano le casse degli enti pubblici e privati.
I liberali invitavano il popolo a battersi sino alla fine mentre le loro casse erano piene di denaro, d'argento, ed oro delle chiese, i passaporti erano belli e pronti e i gonzi andavano a combattere. Le truppe regie sono tornate ad arginare ed impedire ulteriori miserie e a riportare la serenità. Molto male si fece allora contro la Chiesa e venne fa-vorito il protestantesimo facendo circolare libri già proscritti dalla Chiesa. Occorre, infine, amare la patria, ma impa-rando da Cristo. Guardando a come Cristo amava il proprio po-polo e la propria patria". (34)
Questo in sintesi il pensiero del Vescovo di Girgenti. Nella enciclica sul progresso osservava invece che in nome del pro-gresso si chiede anche l'abolizione del sacerdozio e del celi-bato ecclesiastico e che con il termine progresso i liberali intendono giustificare in realtà ogni sorta di

illecito in ogni settore della vita civile, sociale e religiosa…

Alla fine del 1849 in appendice ad un opuscolo in cui ve-niva riportata l'omelia recitata nel giorno di Ognissanti, troviamo altre riflessioni sugli eventi del 1848 e in particola-re leggiamo alcune note sulla sovranità dei principi, sulla sovranità del Pontefice, sulla libertà, sulla tirannia e sul comunismo.

E anche negli anni seguenti l'insegnamento sociale di que-sto Vescovo divenne sempre più ampio ed è possibile ancora trovare ulteriori considerazioni antiliberali nell'opuscolo che riporta la già citata omelia recitata nel giorno di Pentecoste del 1850 e nella sua ultima enciclica intitolata "Sopra l'educazione dei figli", stampata nel 1852, anno in cui Lo Jacono si spense.

LA MASSONERIA IN PROVINCIA DI GIRGENTI NELL'OTTOCENTO

Apprendisti, architetti, sublimi cavalieri eletti, grandi maestri architetti furono di casa a Girgenti, anche prima dell'arrivo dei Garibaldini. La Massoneria, infatti, trovò facile terreno per molti decenni nella Città dei Templi, nonostante questa fosse considerata la più clericale tra le città della Sicilia.

Notizie storiche abbastanza precise sull'origine delle logge massoniche a Girgenti ci fanno ritenere che fu Alfonso Martinez, da Canicattì, a fondare la più famosa società segreta della nostra città. Essa ebbe sede dentro il palazzo Montaperto, nella casa del Dott. Antonino Bonadonna, console sardo e dei Paesi Bassi.

La loggia prese il nome di Aurora.

Tra i primi soci troviamo i signori Michele Formica e Antonino De Crescenzo.

Poco tempo dopo, un massone ben più famoso, Pantaleo, di Trapani, trovò ospitalità in casa di una famiglia di Agrigento, Mendola, e si diede un gran da fare per avvicinare i giovani agrigentini che avevano forti simpatie liberali e avviarli alla massoneria. Strinse amicizia con Raimondo Fasulo, Alfonso Celi, Francesco Ingrao, Emanuele Cardolano, Nino Veneziano, Calogero Pancucci, Calogero Diana, Giovanni Damiani e Carmelo Lo Presti. Costoro diedero vita a una loggia denominata "Nuova Marianna". Quattro anni dopo la massoneria aveva fatto a Girgenti così numerosi proseliti che era in grado di aprire un'altra sede. La nuova società affiliata prese il nome di "Vita Nuova".

I nuovi fratelli si incontravano in una abitazione in salita Vassallo. Della "Vita Nuova" facevano parte tra gli altri Antonino De Crescenzo, Michele Formica, Carmelo Lo Presti, Francesco Ingrao. Si caratterizzava per un'intensa attività politica.

Quest'ultima loggia molto presto si sciolse e venne sostituita dalla società segreta massonica "Il Monte Sacro". Redassero lo statuto della nuova loggia gli agrigentini Francesco Ingrao e Michele Castiglione.

Nel 1866 apparve a Girgenti il periodico "Il Rompicollo" e fu chiaro a tutti che si trattava di un giornale di ispirazione massonica : esso sosteneva la costituzione di una Repubblica sociale ed esprimeva un forte anticlericalismo. Dopo la chiusura del "Rompicollo" venne stampato e diffuso dai massoni agrigentini il foglio "Il Progresso Effettivo".

Queste notizie sui primi anni di vita della massoneria ad Agrigento sono state rintracciate sfogliando i documenti della Prefettura di Agrigento di quegli anni, che è possibile consultare all'Archivio di stato di Agrigento. Molti funzionari di Prefettura e di Polizia fecero infatti accurate indagini anche a Girgenti per conoscere la reale consistenza delle logge, i programmi, le personalità che vi aderivano. Un documento del 1868 ci descrive dettagliatamente le attività della loggia agrigentina chiamata "La Mariannina".

Il funzionario che ha redatto la nota sostiene che: se questa loggia "riuscisse nei suoi intenti, potrebbe col tempo divenire pericolosa".

Le logge agrigentine dipendevano soprattutto dal Grand'Oriente di Palermo, ma qualche massone faceva riferimento alla Casa Madre di Firenze, come Rocco Ricci-Gramitto. Uno dei più famosi capi massoni agrigentini del primo periodo fu il medico Cognata, insieme al dottore fisico Sajeva, che dirigeva la loggia "Vita Nuova" di Girgenti condizionando pesantemente l'attività amministrativa.

Il lungo successo elettorale venne intaccato solo alla fine del secolo scorso, quando cattolici e socialisti parteciparono più attivamente alla vita politica. Da allora lo scontro tra la Chiesa agrigentina e la massoneria è stato una costante, almeno fino all'avvento del Fascismo.

PALINGENESI

Tra i primi del 1858 e l'estate del 1859 vide la luce a Girgenti una rivista culturale in cui filtrava un preciso riferimento antiborbonico e intendeva esprimere, nonostante la gracilità dei suoi contenuti e l'ecclettismo delle sue posizioni un esplicito contatto con il movimento risorgimentale nazionale. La rivista recava il motto: «Semper ego auditor tantum? numquamne reponam Vexatus toties ?...» (Sempre soltanto dovrò ascoltare, che forse non potrò mai rispondere, tante volte vessato?).
Il suo titolo era significativo, «La Palingenesi», giornale di scienze, lettere e belle arti. Il direttore responsabile era Rocco Ricci-Gramitto (zio materno di Luigi Pirandello) un giovane avvocato di 24 anni. Lo scopo di tale rivista era apparentemente quello di diffondere la conoscenza della letteratura contemporanea e della migliore cultura italiana ed europea, in genere.

In realtà i redattori della «Palingenesi» attraverso l'elevamento culturale della gioventù borghese agrigentina, intendevano promuovere la rinascita di un sentimento nazionale e mandare comunque dei precisi segnali di rinnovamento politico.

Tra le molte e confuse suggestioni che appaiono qua e là animare questa coraggiosa rivista apparivano infatti l'influsso di Gioberti (specie negli scritti di un altro grande uomo di cultura della Girgenti di questi anni, Gabriele Dara), di Manzoni ed anche di Alfieri. Vi si trova la difesa della tradizione nazionale (che nel secondo numero della rivista viene presa relativamente al campo filosofico da Pasquale Campagna).

La rivista lanciò chiaramente il suo programma sin dal primo numero: «rendere popolari e comuni tutte quelle conoscenze che altrimenti, ristrette nel piccolo numero dei dotti, resterebbero ignote ad ogni altro, che non fosse versato in più maturi studi e più profondi», ma nello stesso tempo anche risuscitare le antiche glorie del genio italico, anche se in alcuni interventi emergono spesso posizioni piuttosto moderate, come nella polemica che la rivista ingaggia con gli ultramontani, i quali« non sanno persuadersi d'una verità trita e comune, cioè che nelle cose umane la perfezione sta nel minor male ».

Molti redattori auspicano la formazione di un ceto medio che sia «moralizzato e culto» grazie a cui Girgenti sappia liberarsi dalla ruggine del municipalismo e dal misero campanilismo. Per questo intraprendono sulla loro rivista un fecondo dibattito con uomini di cultura di mezza Sicilia ed ospitano gli interventi di docenti catanesi e palermitani.

ARRIVANO I GARIBALDINI

Nella sua celebre opera "Da Quarto al Faro" Giuseppe Cesare Abba ha liquidato con queste poche battute tutta la storia della partecipazione degli Agrigentini alla spedizione garibaldina in Sicilia del 1860: "tra le ruine dei templi che piacquero a Byron, nella squallida landa sotto cui dorme un gran popolo (...) il mandriano guarda indifferente quelle file di colonne silenziose (n.d.r. la colonna garibaldina guidata da Bixio) e il navigante si inchina ad esse da lontano". (36)
Gli Agrigentini non dormivano affatto e non guardarono indifferenti e con distacco nessuno degli eventi del Risorgimento. La cospirazione non ebbe tregua e basterebbe leggere i rapporti trimestrali che gli Intendenti di Girgenti inviavano al governo borbonico per rendersi conto della preoccupazione delle autorità locali.
La Giovine Italia e la Massoneria contavano molti aderenti a Girgenti e nell'agosto del

1859 era stata scoperta una cospirazione che estendeva le proprie fila in numerosi centri e coinvolgeva molta umile gente, fra cui in particolare zolfatari. Essa nasceva da un genere di propaganda politica anche piuttosto originale e legata alla cultura e alle condizioni della provincia agrigentina.

L'Intendente di Caltanissetta, Castelcicala, che aveva condotto le indagini, scrisse in quei giorni in un rapporto al principe di Satriano che quei "tristi", riuniti in qualche bettola, sostenevano "non potersi più reggere l'attuale forma di governo, tutto essere pronto in Girgenti e nei paesi finitimi per riprodursi la ribellione del 1848, essere già questa imminente, nulla valere le reali milizie, perocchè levandosi le popolazioni dell'Isola intera le avrebbero vinte e dissipate".

Il loro programma consisteva nel "doversi sostituire il governo dell'uguaglianza che traducevasi nel mettere a ruba l'altresì proprietà, impossessarsi delle sostanze degli agiati che vorrebbero tutti mettere a morte e, togliendo la distinzione di classi, dividersi tra loro, fratelli pella uguaglianza, il bottino". (37)

Un nutrito gruppo di giovani studenti, avvocati, professionisti esprimeva più o meno apertamente un sordo malcontento e non nascondeva le proprie simpatie per Garibaldi e Mazzini.

Da tempo in casa di una nobildonna filantropa e coraggiosa, la baronessa Rosalia Ficani, i giovani cospiratori agrigentini, garibaldini, mazziniani, massoni, liberali, convenivano spesso, nelle tarde serate, quando la via Atenea (dove si trovava la casa della signora Rosalia Ficani) era deserta, discutendo animatamente e aspettando con ansia il momento più adatto per insorgere contro la tirannide borbonica. Erano Rocco Ricci-Gramitto, Gabriele Dara, Domenico Bartoli, Antonino Bonadonna, Gaetano Cognata, Pasquale Campagna ed altri.

Nel 1858 quegli stessi giovani avevano dato vita al primo foglio liberale che sia mai stato stampato a Girgenti. Il titolo della testata era "Palingenesi", titolo già di per sé

assai significativo. Dalle pagine di questo giornale esprimevano lusinghieri giudizi su Manzoni e Gioberti e parlavano di "cose nuove" che attendevano la patria.
Direttore di quella rivista era il siculo-albanese Gabriele Dara, compagno di scuola ed intimo amico di Francesco Crispi. Nonostante la gracilità dei contenuti e l'eclettismo delle posizioni, nel giornale agrigentino (di cui, purtroppo, uscirono solo otto numeri tra i primi del 1858 e l'estate del 1859) pure si riscontra il tentativo di non perdere contatto con il movimento intellettuale del resto del paese e di lasciare filtrare un orientamento antiborbonico. Dopo meno di un anno dalla pubblicazione del primo numero, le autorità borboniche proibirono alla "Palingenesi" di uscire e diffidarono i giovani redattori.
Ma per l'Intendente borbonico c'era ben poco da rimanere tranquilli, se ancora un anno dopo un rapporto di polizia segnalava che a Girgenti "a taluni giovinastri sorrideano i sogni dell'unità italiana", come scrive Giuseppe Picone.

Chi erano questi "giovinastri"? Tra loro troviamo innanzitutto Rocco Ricci-Gramitto, secondogenito del patriota agrigentino Giovanni, che morì esule a Malta, dove era stato costretto a riparare dopo i moti del 1848 che aveva guidato a Girgenti, insieme al generale Gerlando Bianchini e ad altri pochi coraggiosi.

Nel 1860 Rocco aveva 28 anni, essendo nato il primo febbraio del 1832; aveva compiuto gli studi di Giurisprudenza a Palermo e appena tornato a Girgenti non aveva nascosto le proprie simpatie per le idee mazziniane, che probabilmente aveva conosciuto nella capitale dell'Isola.

Sin dagli anni della prima giovinezza strinse sincera amicizia con Gabriele Dara, di poco più vecchio, essendo nato a Palazzo Adriano (Palermo) l'otto gennaio 1826. Quest'ultimo era di famiglia italo-albanese e aveva compiuto gli studi nel Seminario greco-albanese di Palermo dove aveva conosciuto Francesco Crispi e poi all'Università conseguendo la laurea in Giurisprudenza. Ancora a Palermo è tra gli animatori di un circolo politico- letterario antiborbonico e un anno dopo - durante i moti del 1848 - tra i redattori del quotidiano palermitano "Il Tribuno".

A Girgenti venne su invito dello zio Nicolò Dara e vi intraprese la carriera forense. Il sodalizio con Rocco Ricci-Gramitto inizia forse proprio al Foro agrigentino. Troviamo le loro firme sul periodico palermitano "Il Baretti" (1856-57) e un anno dopo su "Palingenesi", come abbiamo già detto.

Ma gli eventi politici precipitavano e condizionavano inevitabilmente le giovani esistenze dei due amici. Rocco Ricci-Gramitto, dopo aver partecipato alla rivolta della Gancia, si dava alla macchia con le bande di Rosolino Pilo e quindi si associava ai Mille; il Dara, invece, restava a Girgenti dove insieme a Domenico Bartoli formava il comitato insurrezionale. Domenico Bartoli, fu figura anche questa di primo piano nella vita politica agrigentina del secolo scorso; già particolarmente attivo politicamente e culturalmente durante il regime borbonico, quando a Girgenti era

Procuratore del locale Tribunale ed era abbastanza apprezzato anche come intellettuale molto vivace e poeta estemporaneo.
Avendo preso parte ai moti del 1848, Bartoli era in quei giorni certamente la personalità con maggiore esperienza politica e forse con le migliori doti diplomatiche.

L'Intendente borbonico a Girgenti, Vanasco conosceva bene questi cospiratori. Faceva sorvegliare la casa dei Gramitto, in via San Girolamo, e le altre abitazioni dei suoi più intimi e pericolosi amici.
Ma gli Intendenti dovevano guardarsi anche da qualche pericoloso sacerdote. Come quel predicatore quaresimalista che nella Cattedrale di Girgenti ricordando la figura di san Benedetto, lo fece in maniera così scaltra che di fatto parlò dell'Italia, della sua storia, dell'unità linguistica e culturale, entusiasmando molti giovani presenti che già prima che il frate concludesse la sua omelia promossero una sottoscrizione per

offrirgli una medaglia in segno di riconoscenza e gratitudine. (38)

Più volte tra il 1859 e il 1860 l'Intendente Vanasco aveva convocato i notabili di Girgenti e con loro aveva discusso animatamente sulle misure più opportune da usare per mantenere in città e in provincia l'ordine pubblico. Venne deciso tra l'altro di pubblicare un'ordinanza che vietava la detenzione di armi. Giunsero anche rinforzi.

Arrivò infatti a Girgenti il maresciallo borbonico Afan – de - Rivera, le cui truppe trovarono alloggiamento nel Seminario vescovile e nell'antico Convento di San Francesco. Fu proprio in questi frangenti che si rasentò il limite di una provocazione popolare, generata dai continui abusi da parte delle truppe contro il popolo inerme; il tutto venne riferito ad Afan – de - Rivera che ordinò ai suoi di lasciare la città.

Ma tali provvedimenti non bastarono ed infatti già nell'aprile del 1860 circolava a Girgenti la voce che in occasione della processione del Venerdì Santo sarebbe

scoppiata la rivoluzione. Scrive, infatti, lo storico Calogero Sileci che: "convenuto si fu che arrivata la condotta del Crocifisso dinanzi al Monastero di San Vincenzo, alquanti armati dovevano dar mano alla truppa di accompagnamento e quindi spingere il popolo a tumultuare.
Erano alquanti giovinastri di primo pelo che dovevano commettere l'attentato ma ne furono impediti dai magnati solo perché non ebbero con la posta notizie favorevoli". (39) C'è da giurare che tra quei "giovinastri di primo pelo" vi fossero diversi di quelli che abbiamo sopra menzionato. Tali notizie ci sono confermate da un rapporto che il Console di Francia a Girgenti Adolfo Thiers inviò in quei giorni al Console Flury :

"Thiers a Flury

Girgenti 7 maggio 1860

Signor Console,

sebbene oggi il Governo abbia proclamato che a Palermo si è sollevato lo stato di assedio, e sebbene esso abbia fatto pubblicare lo Statuto del 3 c.m., che i Siciliani trovano ancora peggio dello Stato di assedio, la situazione non è meno tesa di prima.
Quando il 7 aprile, Giovedì Santo, essendo le Autorità fortemente spaventate dal movimento di Palermo, l'Intendente fece chiamare quelli che hanno maggiore influenza tra la borghesia per rimettere a loro la direzione della città, egli disse: "Signori, io non posso evitare la rivoluzione politica, ma vi raccomando di mantenervi (n.d.r. tranquilli) finché arrivi il buon ordine".

Perciò il giovedì 5 si diceva pubblicamente che la rivoluzione era stata decisa a Girgenti per il sabato. Il popolo scioperava e riempiva le strade. Il suo contegno era silenzioso.
Si leggeva negli sguardi l'ansia che regnava nei cuori, e la risoluzione di passare ad un

colpo di mano. Ciascuno esprimeva liberamente la sua opinione: tutti erano per l'affrancamento del loro paese, l'aspirazione generale si pronunciava per l'idea Italiana.

La truppa indecisa si era ritirata nei quartieri. I magistrati e la gente del partito del Re si mostravano in preda al terrore. Il Venerdì Santo qui v'è l'occasione di grandi funzioni religiose popolari.

Quel giorno ci sono due processioni, una dietro il Messia in Croce, l'altra dietro la discesa (dalla Croce). Quest'ultima processione continua fino a notte. Tutto prosegue in perfetto ordine: tra la gente vige l'ordine più completo. Delle tre ricorrenze alle quali io ho assistito questa mi ha colpito più di tutte. La processione sfilò, senza confusione, forse per più di un'ora e mezza, quell'accozzaglia così abituale ai siciliani. Senonché invece di ritirarsi all'alba secondo l'abitudine tradizionale, la funzione terminò verso le dieci di sera.

Il sabato non si aspettava altro che il segnale per correre alle armi. La truppa, 800 uomini, e la forza di Polizia si erano eclissati. E' questo ciò che accadde quando l'Intendente rimise, come si è detto sopra, la difesa della città nelle mani della borghesia. Tuttavia non si erano avute né urla, né bandiere sfoggiate; si notava solo una grande animazione. Subito la borghesia si armò e formò due sezioni, composte ciascuna da cento uomini. Delle pattuglie si organizzavano il pomeriggio; esse percorrevano le strade. Allora la truppa ricomparve. Gli stessi ordini riunivano la truppa e la borghesia.

Il popolo stupito del fatto che la borghesia gli si mostrava ostile, manifestava il desiderio che si innalzasse la bandiera italiana tricolore. La borghesia rispondeva al popolo di tranquillizzarsi perché la rivoluzione era nelle loro mani, poiché i borghesi erano armati, ma che il momento non era ancora arrivato, visto che si ignorava come procedevano le cose a Palermo.

Ma il motivo vero è che l'Intendente aveva detto che il popolo non voleva muoversi che per darsi al saccheggio e all'assassinio. La borghesia desiderava la rivoluzione, la salutava, avrebbe voluto concorrere alla sua riuscita, ma temeva d'essere colpita e assassinata. Ecco ciò che ho sentito generalmente dire.

Eppure, per mettere in piena luce la verità delle cose, bisogna dichiarare - ciò che so da fonte sicura - che la maggior parte di coloro sui quali si appoggiava e che conteneva il popolo da una promessa all'altra, faceva il doppio gioco.

Dietro la tenda essi protestavano la loro devozione al Governo del Re, e sottomano promettevano al popolo di gettarsi nel movimento rivoluzionario. In questa maniera, se nella capitale vinceva la causa del paese, a cose fatte si sarebbero gettati dalla parte della capitale, in caso contrario, avrebbero fatto atto di fedeltà verso il governo.

Le cose si svolsero così durante lo spazio di undici giorni, nel corso dei quali il popolo si trovò lasciato a se stesso aspettando di rispondere al primo segnale, le altre località della provincia aspettavano a loro volta per muoversi l'esempio del capoluogo.

Durante questa assenza del potere regio, la verità esige che sia dichiarato che non c'è stato da segnalare neppure il minimo atto riprovevole da parte della popolazione in piena effervescenza. Cosa strana, prima di questa fluttuazione popolare, i furti si succedevano in città alla luce del sole.

La gente di mediocre condizione era ridotta al punto di far controllare le proprie abitazioni mentre si recava a Messa per timore d'essere svaligiati.

Esempi di questo genere erano frequenti ogni giorno. Ma per tornare al nostro oggetto principale: mentre la popolazione mostrava una certa moderazione di carattere, che io, certo, ero molto lontano dall'immaginare, le liste di proscrizione erano già mandate e presentate all'Intendente da quelli stessi che, forse, hanno motivo di temere la vendetta popolare perché si servono, da ben undici anni, della terribile arma della Polizia, in Sicilia, e alla fine, anche come speculazione per riuscire negli affari di interesse particolare.

E' quasi incredibile a dirsi; eppure la realtà è questa. La defezione si mise dalla parte della borghesia armata. Poco a poco le sue fila scomparvero; ho sentito dire pubblicamente a gran parte di loro, rifiutando il servizio, che avevano vergogna di giocare il triste ruolo di sbirri.

Arrivato a quel punto il Governo non aveva tuttavia ripreso apertamente le redini; la Polizia continuava ad astenersi; le classi del partito realista tremavano ancora, e facevano arrivare ai cittadini onesti del partito liberale minacce di morte se essi non si ritiravano.

La truppa che riprendeva coraggio, a poco a poco, confidava allora nella speranza di saccheggiare la città e di massacrare gli abitanti. La gran massa della popolazione faceva sempre professione di fede di non volersi battere se non per la libertà della Sicilia, di rispettare la proprietà e di far tacere ogni vendetta privata.

Dopo circa una settimana la popolazione sembra essersi ritirata. Dal canto suo, il Governo mi sembra molto indeciso nella sua marcia. Che si prepara da una parte e dall'altra? io lo ignoro né mi posso formare delle valutazioni vista la mancanza completa di notizie dagli altri luoghi dell'Isola.

Tuttavia, ciò che io potrei apprezzare molto, è il fatto che il movimento non è ancora spento negli animi e che, nel caso di una ripresa delle armi in Sicilia, tutta questa provincia si solleverà allora come un sol uomo.

Il sistema inquisitoriale del Governo lo spingerà presto o tardi a questo eccesso. Bisogna anche che vi informi che l'arrivo della corvetta inglese ha prodotto un effetto antipatico tanto al partito realista che al partito liberale. Il primo diceva: "cosa viene a fare questo spione?". Il secondo domandava: "Cosa è venuto a fare questo traditore?". Ho appreso dopo che la popolazione aveva stabilito di armarsi alle

grida di "Viva la Francia! Viva Napoleone! Viva Vittorio Emanuele! Viva l'Italia".
Non posso impedirmi di pregarvi qui, signor Console, di volere ben fornirmi le istruzioni che la previsione (n.d.r. degli eventi) potrebbe suggerire di fronte alle circostanze in cui ci troviamo, che non mancano di avere tutte le apparenze di una positiva gravità. Se voi ritenete che questo rapporto non raggiunga lo scopo che vi sareste proposto, sapete, signor Console, che sono sempre pronto a soddisfare immediatamente ogni domanda che giudicherete al tal proposito di rivolgermi. Gradisca ecc." (40)
Pochi giorni dopo "un gruppo di animosi giovani agrigentini guidati dal patriota Rocco Ricci-Gramitto, inscenando una finta gazzarra tra giovani per sviare l'attenzione del picchetto armato borbonico, stazionante nei pressi della piazzetta Purgatorio, lungo la via Atenea, a Girgenti, issarono in pugno alla statua destra che fronteggia la Chiesa di San Lorenzo, detta Purgatorio, una bandiera tricolore.

Tale vessillo era stato cucito dalle signore Anna Bartoli Gramitto e dalle sue figlie Caterina e Rosalia (...). La vicenda si svolse sotto il naso del drappello borbonico, allontanatosi (...) per sedare la finta gazzarra inscenata dai compagni-compari patrioti ed organizzatori dell'impresa.
Non appena i quattro che avevano il compito di issare la bandiera nel pugno della statua riuscirono nell'intento, la gazzarra finiva, i giovani che l'avevano inscenata sparirono e la bandiera rimase a beffeggiare il drappello borbonico" (41)
Solo dopo alcuni minuti, il tenente borbonico che comandava il plotone s'accorse della beffa e diede ordine di rimuovere la bandiera e di ricercare nelle vie adiacenti gli esecutori di quel tiro ai danni dell'esercito del Re. Le ricerche non ebbero l'esito sperato e il soldato che provvide a rimuovere il vessillo cadde sulle scale della Chiesa perché si staccò improvvisamente il braccio della statua su cui si era aggrappato per sostenersi.

La bandiera venne sequestrata e portata all'istituto Gioeni, dove era allogato il contingente militare borbonico. Ancora oggi, a ricordo del fatto, esiste una lapide, affissa sulla facciata Chiesa di San Lorenzo, in cui si legge:
"Nell'aprile 1860 / Animosi Girgentini del Risorgimento / Guidati dalla / profonda anima religiosa / Di nostra gente / Issavano per la prima volta / Il vessillo della Patria / In pugno a questa statua / Sul fronte sacro di questo tempio / All'ombra della Croce".
Ma ancor prima dell'arrivo della colonna garibaldina a Girgenti, Rocco si unì a Domenico Bartoli e a Gabriele Dara che preparavano i moti in città. Scrive, infatti, lo storico Angelo Giudice: "In Girgenti era un fremito, una smania, un'ansietà indefinibile: i patrioti erano sulle bragia e mordevano il freno. Sorse un comitato, si tennero combriccole, si trattò, si convenne d'insorgere e d'innalzare alcune barricate sullo spiazzo del convento di San Domenico per bloccarvi le 800 reclute ch'eran colà acquartierate, e costringerle per

sorpresa o per fame ad arrendersi a discrezione.

Affrontava gagliardamente la riscossa l'indomito Rocco- Ricci-Gramitto, il giovane di alto sentire, di cuor generoso, e d' armonia poetica, il quale, scappato da Palermo alle zanne della polizia dopo l'insuccesso del 4 aprile, allor si aggirava in quel di Raffadali, raggranellando volontarii, rinfocolando gli spiriti, spingendo, incorando alla sommossa; e già gli sembrava che tutto gli arridesse: un manipolo di audaci girgentini (che il Giudice in nota indica in Aristide Scribani, Raimondo Lupo, Gaetano Nocito, Pietro Vullo, Francesco De Luca, Innocenzo e Antonio Gramitto, e i francesi Roubeaud e Quirell) erano risoluti a troncare gli indugi, avevan fornito le armi, eran sul punto di gettarsi nell'azzardo, d'iniziare il moto: egli li avrebbe tosto raggiunti e rinforzati con fresca gente.

Ma i benedetti arruffoni, liberali per speculazione, essenzialmente egoisti e cupidi d'or e di gradi non volevan cimentare un capello né scottarsi un dito; onde tanto s'insinuarono astutamente che ammaliarono i giovani, ne ammansiron le ire e composero le difficoltà coll'Intendente Vanasco in questi sensi: nessuna molestia reciproca; temperanza nel comune come nella milizia e sbirraglia; libero il fiato a ciascuno di sbraitare, ma non più di parole, e del resto aspettare gli eventi, i quali, comunque andassero, egli dover l'un l'altro guarentirsi gli averi e la vita". (42)

Il nove maggio giungeva a Girgenti il maresciallo di campo borbonico Afan de Rivera con un reggimento di Cacciatori ed un altro di Carabinieri per mantenere la tranquillità in provincia. Appena arrivato, gli vennero presentate alcune note di cittadini liberali. Ma il maresciallo si fermava solo due giorni. Gli eventi infatti precipitavano: l'undici maggio intorno a mezzogiorno, sul molo di Marsala, avveniva lo sbarco dei Mille di Garibaldi.

Un vapore ancorato nel molo di Girgenti, pieno di soldati borbonici, mosse subito verso Marsala. Settecento soldati restavano a Girgenti, mentre il reggimento dei Carabinieri, al comando di Afan – de - Rivera lasciava la città e si dirigeva a Canicattì. In città ritornava una relativa calma, ma molto relativa. Afan - de - Rivera prima di partire per Canicattì scriveva infatti al Generale Maniscalco che per ora Girgenti è tranquilla, ma non appena la truppa si sarà allontanata da essa, la rivoluzione, che per il momento è compressa, divamperà" (43)

I giovani agrigentini Alfonso e Carmelo Cannella, Antonio De Crescenzo, Achille Genuardi, Giuseppe e Luigi Lauricella, Salvatore Pinna, Alfonso Puntarello, Francesco Smecca avevano già lasciato la città, insieme a Rocco Ricci-Gramitto per unirsi alla camicie rosse di Garibaldi. Il 15 maggio "soli cinque giovani arditi, fra cui l'orefice Adolfo Celi, trovansi pronti alla insurrezione, i quali armati di fucili e con bandiera tricolore si riuniscono alle mura di S. Michele – scrive Picone – Assaliti dai soldati del carcere, resistono

coraggiosamente in quella scaramuccia, e non seguiti da nessuno, taluni di essi si salvano nelle campagne.
La truppa si rianima e riunita agli sgherri, al commissario di polizia Baiona, ed al picciolo cancelliere, pattugliano coi fucili pronti a far fuoco, colle cartucca alla bocca, minacciando i balconi e le finestre.
Alle 23 il comandante le armi pubblica l'ordinanza, che mette Girgenti in istato di assedio". (44)
Per questo motivo, nessuno poteva circolare liberamente, e di notte, chi aveva motivo di uscire aveva l'obbligo di farsi annunziare da un lanternino. Molte erano le famiglie agrigentine che intanto lasciavano la città per rifugiarsi in campagna o chiedevano ospitalità nelle case dei Vice consoli. Ma nei momenti di maggiore tensione lo stesso Intendente e altri funzionari governativi facevano in modo di trovarsi altrove.
Il 15 maggio 1860 si verificò un altro significativo episodio, ma assai spiacevole per i Borboni: Vincenzo e Antonio Ricci-Gramitto, fratelli di Rocco, Alfonso Celi,

Aristide Scribani, Francesco Roubeaud, Raimondo Lupo attraversarono le vie del centro di Girgenti sventolando pubblicamente un tricolore e gridando: "Viva Garibaldi e Vittorio Emanuele". Furono però scoperti dalla gendarmeria borbonica e dovettero anche loro fuggire nei campi.

La città visse grandi momenti di trepidazione attendendo l'arrivo dei Garibaldini, mentre si diffondeva la voce che i Borboni non avrebbero lasciato Girgenti senza prima averla saccheggiata. Non trovando però alcun pretesto per un'azione così vile, alcuni ufficiali avevano anche pensato di organizzare artificiosamente un finto attacco notturno e di far ricadere la colpa sui liberali agrigentini.

Ma i notabili della città, avendo saputo della trama, chiesero l'intervento dei vice consoli.

"Il signor Carlo Thiers, Alfredo Oates e il signor Luigi Granet si recarono da Afan- de - Rivera, cui il Thiers parla energicamente.

Il maresciallo ordina che i birri fossero arrestati e messi sotto chiave". Molti decisero di rifugiarsi in campagna. Alcuni cittadini per fronteggiare la situazione si radunarono nella Casa comunale per costituire un comitato segreto e riorganizzare la guardia nazionale, a capo della quale venne posto Egidio Pucci.
Nelle campagne, meno sicure della città, venne inviata la nuova Guardia Rurale, al comando di Sebastiano Bianchini. Nonostante un gran numero di persone fossero riuscite a procurarsi delle armi e girassero armate per le vie, nessun tafferuglio avvenne.
L'Intendente intanto sparisce. Si nasconde nella casa di un amico. La città è praticamente senza governo. L'anarchia vi regna. Lo storico Picone così descrive quelle drammatiche ore: "Una mano di gente vogare, armata di fucili, di pistole, di sciabole, ed altre arme, si sparge per le campagne in cerca dei Sorci (n.d.r. i filo borbonici). Si raggranella intanto un manipolo di guardia nazionale, perché

prevede un subbuglio. Infatti si vede un centinaio di monelli di tutti i ceti, con pochi del volgo armati, che conducono un uomo a cavallo ad un asino. E' un fabbro palermitano che lo si grida spia, e lo si accompagna con urla e fischi, sputando in volto. Quell'infelice, pallido semivivo, col cappello alle mani, alza gli occhi ai balconi, alza gli occhi, per chiedere pietà. Poche guardie nazionali atterrite lo circondano, per impedire gli eccessi. La ciurmaglia ingrossa, ed un giovinastro, con una carta che leva in alto grida: Qui, qui abbiamo la nota delle spie, e la ciurma gli crede, e comincia a violare i domicili. Calogero Scaglia mercante girgentino è messo in nota. Taluni ribaldi gli gridano la croce, e vedendone chiusa la bottega, salgono su pel balcone, ove appare sua moglie circondata dai suoi bimbi, opponendo quale uno scudo a quegli aggressori un quadro della Vergine, chiedendo pietà, e giurando suo marito galantuomo". (45)
Poi in città la guardia nazionale riesce a riportare la calma. E la tensione si scioglie

all'annuncio che Garibaldi è entrato a Palermo.

Giungevano a Girgenti i primi decreti di Garibaldi, Dittatore dell'Isola, con l'intestazione "Italia Vittorio Emanuele" e lo stemma sabaudo. Veniva organizzata una nuova Guardia nazionale con a capo il più esperto Enrico Parisi. Garibaldi nomina Domenico Bartoli governatore della città e viene costituito un comitato Centrale (con a capo l'avvocato Pasquale Vaccaro) in grado di gestire la vita amministrativa in attesa dell'arrivo dei garibaldini. E Bartoli scriveva al presidente del Comitato di Sciacca: "Il dì della nostra piena rigenerazione è finalmente spuntato. I nostri nemici o fuggono o si nascondono negli estremi ripari del loro timore, incalzati dalle esecrazioni dei popoli risorgenti.

Noi siamo costituiti in Comitato generale provvisorio, sinché non ci giungeranno gli ordini del Dittatore eletto, S.E. il generale Garibaldi". Invitava quindi i Saccensi a costituire una squadra e a dirigersi a Misilmeri per mettersi agli ordini di

Garibaldi. Evidentemente il Comitato agrigentino fungeva anche da comitato provinciale.

Dopo la presa di Palermo i Garibaldini si preparavano a proseguire nella lotta di liberazione dell'Isola, ripartendosi in tre colonne. La prima era guidata dal generale Medici ed aveva il compito di dirigersi verso Messina, procedendo lungo la fascia costiera settentrionale; la seconda si sarebbe diretta a Catania, attraversando le Madonie e la fascia interna dell'Isola, ed era condotta dal comandante Turr, valoroso ufficiale ungherese.; infine, la terza brigata garibaldina si sarebbe suddivisa in due colonne e avrebbe percorso due itinerari diversi, ma si sarebbe infine ricomposta presso il Molo di Girgenti, a quindi chilometri dal capoluogo. Una brigata era guidata da Nino Bixio, l'altra da Agnetta.

"Il Bixio, da Corleone, si diresse verso Sciacca, attraversando Campofiorito, Bisacquino, Chiusa Sclafani, Sambuca di Sicilia, Portella, Misilbesi e arrivò a Sciacca, dove venne ricevuto dai capi garibaldini locali, indi, proseguendo per Ribera, Montallegro, Siculiana e Realmonte si fermò a Porto Empedocle, per congiungersi con la brigata Agnetta, la quale aveva attraversato l'altro itinerario stabilito prima, che andava da Prizzi, bivio di Filaga, Santo Stefano di Quisquina, Bivona". (46)

In questa località montana si trovava un contingente borbonico che però era fuggito all'arrivo dei garibaldini. Da Bivona, Agnetta guidò i suoi sino a Porto Empedocle, passando per Alessandria della Rocca, Cianciana, Raffadali.

Porto Empedocle (allora Molo di Girgenti) era difesa da un forte distaccamento militare borbonico. Agnetta attese l'arrivo di Bixio, mentre molti volontari arrivavano a Girgenti e per ingrossare le fila della colonna garibaldina.

I Borbonici rimasti a Girgenti attendevano l'arrivo dei garibaldini a Porta di Ponte e, sul lato Nord, lungo una trazzera che portava all'attuale Quadrivio Spina Santa. I Garibaldini al seguito di Bixio preferirono avviarsi verso la trazzera detta San Leonardo per giungere a Girgenti dal lato Sud. La brigata comandata da Agnetta doveva entrare invece da Porta Mazzara, ossia dal lato Ovest.

La colonna guidata da Bixio arrivò a Girgenti il 10 luglio, dopo aver tratto in inganno, in modo geniale, il plotone nemico. Scrive Giuseppe Bruccoleri: " Era successo che nella parte bassa della città, dove erano gli orti e i giardini del marchese Maurizio Contarini, l'ortolano che era addetto alla irrigazione dei terreni, in cui oggi è la Stazione ferroviaria, non appena vide da lontano i berretti verdi e le camice rosse, sapendoli nemici del suo padrone (...) andò ad avvisare il Marchese, che stava a godersi il bel sole di luglio, sotto un ombrellone, lo invitò a guardare.

Il marchese era in possesso del suo fido binocolo e, guardando, capì che i Garibaldini stavano per occupare la città senza colpo ferire, pertanto ordinò al fittavolo di fare aprire le saracinesche delle vasche, dette gebbie, contenenti i liquami dei rifiuti delle fogne cittadine, con cui allora venivano irrigati gli orti di Girgenti e, purtroppo, riuscì a fare impantanare i malcapitati garibaldini.

La colonna riuscì a passare lo stesso arrivando alla Porta dei Pastai o dei Panitteri."(47) Bixio fece catturare il marchese Contarini e ordinò di frustarlo se si fosse rifiutato di dare alcune esaurienti informazioni sulle truppe borboniche presenti in città in quel momento. Contarini rivelò in particolare che il contingente borbonico era costituito da 150 unità, comandate da un tenente.

I Garibaldini raggiunsero la caserma Gioeni, catturarono i pochi Borboni rimasti lì di guardia e si impadronirono delle loro divise. Camuffati poi da soldati borbonici, alcuni garibaldini si presentarono al drappello borbonico vero, che era schierato a Porta di Ponte.

"Allorché il plotone comandato dal finto capitano borbonico Bixio, arrivò all'altezza di Porte di Ponte - continua Bruccoleri - si vide schierare sull'attenti, per presentare le armi, il plotone borbonico vero; il Bixio usò la sua diplomazia per far capire al tenentino comandante il drappello borbonico che erano reduci dall'aver battuto ... i Garibaldini e che con tutta la schiera poteva ritornare in caserma, con tranquillità per il ... meritato riposo". (48)

I Garibaldini, intanto, avevano preparato un'altra imboscata, con l'aiuto questa volta dei negozianti agrigentini compiacenti. Man mano che il drappello borbonico marciava per la via Atenea per rientrare nella caserma Gioeni, i negozianti attiravano fin dentro le proprie botteghe quei soldati borbonici e con l'aiuto dei Garibaldini li imbavagliavano e li facevano dunque prigionieri. Solo quando giunsero in caserma, gli ufficiali borbonici si resero conto della beffa, ma era ormai troppo tardi. Era arrivata, intanto, in città anche la colonna guidata da Agnetta, che aveva il comando di attaccare le truppe borboniche che alloggiavano nel Palazzo dei Liguorini. I Garibaldini trovarono però solo mezza dozzina di soldati ubriachi.

Nella città ormai liberata, tornò a sventolare in pugno alla statua della Chiesa di San Lorenzo (o Purgatorio) quel tricolore che già una volta era stato lì inalberato.
Gli Agrigentini accolsero le camice rosse con grandi dimostrazioni di entusiasmo e chiamati ad esprimersi sull'annessione della Sicilia al nuovo Regno d'Italia (22 ottobre 1860) votarono per il sì 2529 elettori , per il no solo 70, nulli 8, astenuti 434

Ma ecco il verbale di quella storica scelta (rinvenuto all'Archivio di Stato di Agrigento):

Oggetto

Si mette verbale pel plebiscito

Signor Governatore

In adempimento delle disposizioni contenute nei Decreti, e nella di lei circolare dei 12 andante mi onoro inviarle il Verbale dei risultati della votazione pel Plebiscito contenuto nel Decreto dei 15 ottobre detto, dal quale si rileva l'affermativa al detto Plebiscito pregandola a farne l'uso di risalto. Inoltre fo mio dovere farle conoscere per come prescrive la di lei circolare dei 19 di questo mese – che il numero degli elettori iscritti ammonta n.3041

Il numero dei votanti 2607

I voti affermativi 2529

I voti negativi 70

I voti nulli 8

Numero degli astinenti 434

Serva quindi di Sua intelligenza

Il Presidente

Alessio Dr. D'Angelo

A 23 ottobre 1860

GIRGENTI SUBITO DOPO L'ANNESSIONE

A Girgenti l'annessione della Sicilia al Regno d'Italia venne salutata dal popolo la sera del 22 ottobre 1860 con una straordinaria manifestazione di tripudio per la via Maestra e in tutte le strade del centro e della periferia. La comunicazione dell'esito del plebiscito era stata data ufficialmente data ufficialmente dall'avvocato agrigentino Domenico Bartoli, che Garibaldi aveva nominato, l'otto giugno 1860, governatore del Distretto di Girgenti.

Immediatamente dopo Girgenti ebbe nuovi consigli civici e le magistrature, guidati naturalmente da patrioti di provata fede antiborbonica. Ma presto scoppiò una polemica in città. Apparve sulla rivista "Regno d'Italia" un articolo di Domenico Bartoli che polemizzava aspramente con quanti si erano espressi a Girgenti contro l'annessione. Per Il Governatore agrigentino quei 70 voti negativi erano espressione di un clero" educato alla più stupida servilità, eminentemente retrivo, e per ciò stesso sempre avverso ad ogni progresso civile, che ha assunto in tutti i tempi l'apostolato del dispotismo (...)". Rispose prontamente un esponente del clero agrigentino, di cui non conosciamo però il nome, che pubblicò un fascicolo intitolato "Il clero agrigentino ed il Plebiscito"

L'autore dell'opuscolo replicava seccamente non mettendo in dubbio la possibilità che quei 70 voti negativi fossero l'espressione della "fazione clericale", ne rivendicava anzi orgogliosamente anzi la legittimità. Scrive l'anonimo autore: "Si vorrebbe egli forse apporre a delitto l'essersi gloriosamente rifiutato, sfidando ogni pena, e fino l'esiglio, a sottoscrivere un iniquissimo indirizzo, che si voleva a suo nome presentato al Re eletto, nel quale pretendeasi, dichiarasse egli medesimo, senza verun'ombra di verità, di aver tradito, sotto il caduto governo, i suoi sacrosanti ministeri? Si vorrebbe egli forse apporre a delitto riverenza e lo affetto che ei sente, e si studia d'infondere negli altri per il Sommo Pontefice, Vicario di Gesù Cristo in terra ed anima e perno della religione e per essa alla civiltà vera?".

Circa poi gli orientamenti futuri del clero locale, l'autore assicurava per conto dei suoi colleghi: "astinenza dalle faccende politiche per essere liberi di correre incontro agli uomini di ogni partito, per abbracciarli tutti negli amplessi dell'immensa carità di Cristo: obbedienza nelle cose civili alle potestà costituite, qualunque si siano, e di qualunque nome si chiamino, inculcata con l'esortazione e l'esempio".

Ma queste due posizioni estreme nella Girgenti del tempo erano destinate a trovare un adeguato equilibrio. I primi governatori dovettero avvalersi dell'intervento della Curia vescovile per ottenere il rispetto dell'ordine e della legalità. Ciò in particolare avvenne quando fu necessaria la parola dei parroci per convincere tanti giovani ad adempiere all'obbligo della leva militare.

La Chiesa agrigentina dal 1860 al 1872 si trovò senza Vescovo. Questo vuoto di potere favorì la contrapposizione tra preti filoliberali anticurialisti e preti intransigenti e favorevoli ad un ritorno dei Borboni. I primi ritenevano che il nuovo corso avrebbe giovato anche alla Chiesa, che sarebbe stata più libera da preoccupazioni di carattere temporale, potendosi meglio dedicare alla sua missione spirituale. I secondi intravedevano, invece, già nei primi decreti dittatoriali nuovi pericoli per la fede.

Durante il periodo della sede vacante la Diocesi agrigentina venne guidata dal canonico Gaspare Gibilaro, che si avvalse del sostegno di alcuni laici agrigentini filo liberali, come i fratelli Giuseppe e Giambattista Picone ed i moderati Gregorio Gallo e Sclafani.

Il Governatore Bartoli formò un comitato cittadino e una guardia nazionale con a capo Egidio Pucci e successivamente il messinese Enrico Parisi per curare l'ordine pubblico.

Il consiglio civico provvisoriamente risultò così composto: Presidente D. Pasquale Vaccaro. Consiglieri: D. Gaetano Amoroso, D. Fulvio Bonsignore, D. Giuseppe Cardella, D. Fulvio Celauro, D. Gerlando Cacciatore, D. Gaetano Carbonaro, Can. D. Carmelo Cacciatore, D. Alessio D'Angelo, D. Onofrio Formica, Barone D. Giuseppe Califi, Beneficiale D. Gaetano Gallo, Dr. Gregorio Gallo, Beneficiale D. Giuseppe Lauricella, D. Decenzio Lo Presti, Beneficiale D. Michele Montuoro, Dr. Giuseppe Picone, Beneficiale D. Francesco Spalma, D. Michele Biondi di Giovanni, Cav. Dr. Vincenzo Giambertoni, D. Ottavio Gallego, D. Gerlando Agozzino, D. Gerlando Ravanà, D. Antonino Moscato, D. Vincenzo Amoroso, D. Federico Pace, D. Giovanni Carbonaro, D. Amedeo Bonfiglio, D. Gerlando Oliveri, D. Pasquale Mendola, D. Salvatore Bonfiglio Romano, D. Giuseppe Zirafa di Gaetano, Dr. Gaetano Nocito, D. Salvatore Sileci, Barone

Gerlando Scozzari, D. Pietro Vullo, D. Pietro Serroy, Marchese Giuseppe Giambertone, D. Giorgio D'Alia, D. Antonino Cardella, D. Pasquale Campagna, Maestro Giuseppe Restivo, Massaro Antonino Carratello, Massaro Simone Gramaglia, Dr. Zenobio Contino, Dr. Luigi Gaglio, Beneficiale D. Giuseppe Antonino Picarella, D. Giuseppe Lo Presti di Decenzio, Barone Gerlando Tommasi, D. Contrastato Lopes, D. Simone Amoroso, D. Gaspare Oliveri. Magistrati municipali: presidente: Dr. Emanule Sileci, Giurati: D. Giuseppe Cardella Palumbo, Dr. Giuseppe Cognata, Dr. Gregorio Morgavi, Dr. Gaspare Montalbano. (49)

La vita in città era insicura: sbandati di ogni genere imperversavano ed erano state perciò rinforzate le misure di sicurezza avvalendosi anche degli ex carcerati che avevano ottenuto l'amnistia appena si era insediata la dittatura garibaldina.

Facinorosi saccheggiavano i paesi, taglieggiavano e sequestravano i possidenti e i negozianti, svaligiando i corrieri e i viandanti e funestando la stessa vita delle città con lettere minatorie e di scrocco. Si ebbero sommosse a Santo Stefano di Quisquina, Santa Margherita Belice, Bivona e Palma di Montechiaro.

A Santa Margherita Belice Il consigliere provinciale Giuseppe Montalbano venne assassinato barbaramente: si trattò di un omicidio politico che venne coperto dalle autorità.

Il comportamento delle autorità governative, infatti, non fu sempre limpido in quei mesi e ciò favoriva coloro che intendevano creare le condizioni per un ritorno dei Borboni almeno nell'Isola.

Nasceva intanto a Girgenti un movimento filo-repubblicano che uscì allo scoperto con manifestazioni pubbliche il 18 marzo 1861, spargendo la voce nel capoluogo che, l'indomani, giorno dell'onomastico di Garibaldi, si sarebbe proclamata in città la Repubblica e le voci vennero prese tanto sul serio che la festa di San Giuseppe a Girgenti "si riduce ad un silenzio di squallore". (50)

Per tali movimenti repubblicani l'annessione al Regno d'Italia altro non rappresentava che una nuova caduta in servitù per la Sicilia. Ed infatti arrivarono presto le nuove leggi piemontesi che dovevano essere introdotte anche a Girgenti e in tutta la Sicilia immediatamente, senza discussione e, se necessario, usando le forze armate. Ogni dibattito sull'autonomia della Sicilia venne inesorabilmente stroncato dalla volontà di realizzare quella che fu subito chiamata "la piemontesizzazione" dell'Isola.

A Girgenti l'opposizione a questo fenomeno si esprimeva soprattutto attraverso la protesta contro la nomina del vice-governatore Luigi Failla, una creatura di Giuseppe Farina. Per lo storico Giuseppe Picone si tratta di un magistrato di una "inettitudine sconfinata".

Quanto diffusa anche a Girgenti fosse l'opposizione ai tentativi di piemontesizzare l'Isola, possiamo constatarlo anche leggendo queste poche righe di una lettera del patriota garibaldino di Girgenti

Sebastiano Bianchini a Giuseppe D'Oddo, datata 28 dicembre 1861: "attualmente qui (a Girgenti) non v'è che una apparente tranquillità, una indisposizione degli animi dei veri liberali, pel cattivo tratto che il Governo di Torino ne ha fatto di loro". (51) Ma i nemici dei liberali non perdono tempo e cercano di dare un pretesto al vice-governatore presentando all'indomani di gravi fatti di sangue avvenuti a Girgenti una lista di presunti rei e facendo cadere il sospetto su alcuni esponenti liberali.

In un clima politico così agitato si svolge la votazione per l'elezione dei Consiglieri provinciali e dei Deputati al Parlamento. La seduta inaugurale del Consiglio provinciale di Girgenti si tenne il 25 aprile 1861. Era composto dai seguenti consiglieri provinciali: Giambattista Picone, Ignazio Genuardi, Filippo Zirafa, Giuseppe Serroy, Salvatore Gangitano, Giuseppe Sammarco Lumia, Gaetano De Pasquali, Giosuè Farruggia, Giuseppe Cafisi, Calogero Farruggia, Carlo Vella, Giuseppe Tulumello Grillo, Michele Biondi, Teodoro

Costantini, Nicola Dara, Pietro Bellavia, Antonio Mendola, Calogero Amato Vetrano, Girolamo Maglietti, Francesco Paolo Vita. (52)
Erano in gran parte possidenti e professionisti. Venne eletto Presidente il marchese Giuseppe Cavassi, vice presidente il barone Ignazio Genuardi e segretario Giovan Battista Picone.
In autunno si tennero le elezioni dei deputati al Parlamento di Torino.
Nel collegio di Girgenti risultò eletto Emerico Amari, il candidato sostenuto dal nuovo governatore Andrea Guarneri.
Emerico Amari poche settimane più tardi, però, essendo stato eletto anche in un altro collegio, quello di Palermo, decise di optare per quest'ultimo. Pertanto a Girgenti, il 7 aprile 1861, si svolsero nuove elezioni. Erano candidati al Parlamento il marchese Ignazio Specchi di Naro, l'avvocato Achille Scribani, l'avvocato Giambattista Picone, l'avvocato Domenico Guerrazzi. Le votazioni diedero per eletto, con uno scarto di appena sette voti, l'avvocato Giambattista

Picone, dopo il ballottaggio con il marchese Specchi. (53) Personaggio assai noto in Girgenti, l'avvocato Giambattista Picone, il suo successo apparve molto chiaramente come il trionfo della parte moderata della città. Poco meno di un di un anno dopo la sua elezione, l'avvocato Giambattista Picone lasciò Torino, profondamente deluso da un'esperienza parlamentare troppo caratterizzata da clientelismo e da poco chiare manovre e inquinata da sterili lotte tra il governo e le opposizioni.
Prima della celebrazione della nuove elezioni per nominare il nuovo deputato agrigentino al Parlamento nazionale, ebbe il suo nuovo consiglio comunale eletto nell'agosto del 1861 dagli aventi diritto. Divenne Sindaco D. Baldassare Drago. La giunta comunale era così composta: D. Tommaso Amato, D. Gerlando Agozzino, D. Pietro Giuseppe Lo Presti, D. Giovanni Carbonaro (supplente), D. Cesare Caruso (supplente). Vennero eletti consiglieri comunali: D. Giuseppe Picone, D. Giuseppe Mirabile, D. Gaetano Amoroso,

D. Giuseppe Indelicato, D. Gregorio Gallo, D. Amodeo Bonfiglio, D. Giuseppe Pannitteri, D. Michele Biondi, D. Vincenzo De Luca, D. Salvatore Contrastato Lopes, D. Onofrio Noto Formica, D. Gerardo Tommasi, D. Vittorio Lo Presti, D. Salvatore Vassallo, Cav. Vincenzo Giambertoni, D. Leopoldo Sileci, D. Vincenzo Mendolia, D. Fulvio Bonsignore, D. Aurelio Lo Presti, D. Alfonso Gallo, D. Gaspare Campagna, D. Gaspare Oliveri, D. Ignazio Genuardi, D. Alfonso Bellavia.
Nell'aprile del 1862 grazie a nuove elezioni lo sostituì Luigi La Porta, un garibaldino della provincia di Palermo assai conosciuto e stimato soprattutto dallo stesso Garibaldi, che il 4 aprile del 1862, con un telegramma, ne aveva raccomandato l'elezione agli elettori agrigentini. Si era contrapposto al La Porta il sindaco di Girgenti Baldassare Drago. L'affermazione di La Porta (per soli tre voti in più) fu il primo vero successo del partito d'Azione a Girgenti e della Società operaia (movimento progressista da poco costituitosi), anche se alcuni anni dopo

Luigi La Porta - al quale gli Agrigentini confermarono la fiducia in tutte le successive tornate elettorali, sino al 1892 - assumerà posizioni politiche decisamente più moderate.

La città di Girgenti era comunque sempre più dominata dal partito moderato e filoclericale, sostenuto soprattutto dal dottor Baldassare Drago, dal barone Ignazio Genuardi e dal Circolo Empedocleo, ormai guidato dai notabili. Dopo la sconfitta alle elezioni alla camera dei Deputati, Baldassare Drago lasciò la carica di Sindaco e da allora a Girgenti s'insediò una giunta comunale che gli Agrigentini chiameranno "la camerilla" perché i suoi componenti e sostenitori controllavano le leve economiche e politiche e secondo l'opposizione gestirono la cosa pubblica gestirono la cosa pubblica in maniera clientelare.

Più volte le forze della Sinistra agrigentina cercheranno di scalzare "la camerilla", ma solo nel 1888 riusciranno nel loro intento.

Non bisogna però ritenere che a Girgenti vi fossero già dei partiti politici ben organizzati subito dopo l'annessione.

Durante il periodo dei primi quattro governatori, i patrioti agrigentini si divisero in quelle due correnti che poi finirono con il rappresentare la Destra storica e la Sinistra storica.

La Destra era costituita soprattutto da quei moderati che in politica seguivano la corrente delle idee equilibratamente e realisticamente monarchiche del Cavour. I rappresentanti di questa parte politica avevano nel Circolo dei nobili e nel Circolo Empedocleo le proprie sedi. La Sinistra era per lo più formata all'inizio da Mazziniani e Garibaldini del Partito d'Azione, patrioti garibaldini appartenenti alla Massoneria. Il loro luogo d'incontro fu per qualche tempo in particolare la sede del Circolo operaio.

Ancora dopo il 1860, a Girgenti in particolare, gli strati sociali maggiormente sensibili alla propaganda patriottica e all'azione della Sinistra erano innanzitutto rappresentati dai bottegai, dai piccoli proprietari, dai sensali, dagli impiegati, come è ben documentato dalle numerose schede segnaletiche realizzate dalla Prefettura di Girgenti su richiesta del Ministero degli Interni relative agli oppositori politici (conservate presso l'archivio di Stato di Agrigento).

Il sottoproletariato urbano, molto consistente a Girgenti, si muoveva solo nelle grandi occasioni e partecipava in massa a manifestazioni, dimostrazioni e rivolte. Ma si trattava di un mondo emarginato di lavoratori precari, occasionali, di oziosi e di mendicanti socialmente e intellettualmente degradato che viveva di clientelismo parassitario e che quindi era in fondo intimamente legato ai possidenti e all'occorrenza armava la propria mano per metterla a disposizione della mafia locale.

Comunque in tutti i ceti sociali era notevole naturalmente l'aspirazione ad ottenere concreti miglioramenti sociali ed economici dal nuovo ordine di cose ed invece assai presto prevalse molta delusione. E' quanto

ebbe a sottolineare anche uno dei primi Prefetti di Girgenti, Enrico Falconcini, il quale amaramente constatava che "passato il primo periodo del movimento rivoluzionario, finite le prodittature, il governo del Re, che aveva forma regolare ed aveva precedenti di ordinata libertà, fu acclamato come ancora di salvezza dalla popolazione della provincia.
Qualche parassita del passato governo chiuse in cuore il proprio culto ai Borboni, qualche tribuno si dolse della perduta anarchia, qualche sognatore pianse il vagheggiato risorgimento del trono di Ruggero: ma la grande generalità dei cittadini, contenta dell'acquistata libertà, salutò con gioia la bandiera d'Italia: fidando di vedere all'ombra dei suoi tre colori sparire le parzialità governative, tracciare le strade, invigorirsi le industrie e i commerci, fiorire l'agricoltura e rinascere la sicurezza delle persone e delle proprietà base fondamentale di ogni bene sociale. A tali speranze non corrispose fin qui completamente il regio governo; è questa

una verità dolorosa a dirsi da me, ma utile ora a sapersi da tutti". (54)

Tale era pertanto al momento della sua annessione al Regno d'Italia la condizione della provincia di Girgenti, che nel 1861, comprendeva 41 comuni ed aveva una popolazione di 263.880 abitanti; nel 1881 era di 312.487 abitanti, cioè di 103 abitanti per chilometro quadrato e nel 1891 era di 348.267. La superficie era di chilometri quadrati 3035. (55) Il capoluogo, Girgenti (secondo un altro quadro statistico pubblicato nel 1866) contava 17.194 abitanti nel 1861; nel 1865 ne contava 17885; nel 1888 23.860; alla fine del secolo erano circa 25.000.

Descrivendo le condizioni della nostra provincia un anonimo, in un testo sulle opere pie sostiene che : "nella provincia di Girgenti i preti posseggono tutto; ci sono rendite ecclesiastiche sproporzionate: la mensa vescovile calcola annualmente un reddito di oltre i 300 mila franchi, i benefici canonicati ne hanno da 10.000 e in questa scala si trovano gli altri e i minori".

Un rapporto della Camera di Commercio ed arti di Girgenti sulle condizioni delle classi lavoratrici nella provincia così distingue i proprietari e i contadini nelle varie categorie in cui si dividevano:

" 1) Si hanno proprietari dei latifondi, che non risiedono nei Comuni ove stanno agglomerati i contadini;

2) Proprietari di latifondi che risiedono nei detti Comuni;

3) Proprietari di poderi che li coltivano direttamente;

4) Proprietari di poderi che li fanno coltivare da fittaioli o mezzadri;

I contadini si dividono pure in quattro categorie:

1) Proprietari della casa di abitazione e di piccoli poderi;

2) Proprietari di una casa di abitazione e di un piccolo capitale in denaro, sementi ed animali da lavoro;

3) Proprietari della sola casa di abitazione;

4) Ed infine braccianti o lavoranti giornalieri che non hanno né terra né casa.

I proprietari della prima categoria non hanno alcun rapporto coi contadini, perché cedono i loro latifondi in affitto a borgesi, contadini divenuti ricchi mercé il lavoro e l'economia, o a persone che fanno delle affittanze agrarie un'industria speciale.
Per i proprietari suddetti adunque, sono i borgesi e gli industriali agricoli che hanno rapporto diretto coi contadini, perché costoro cedono in subaffitto, a mezzadria o a terraggio, le terre prese in affitto, a quei contadini che possono dar garanzia del puntuale adempimento delle obbligazioni relative, riserbando a taluno di essi una parte dei latifondi per coltivarla

direttamente per mezzo di braccianti a giornata.

Ora i rapporti tra i borgesi ed industriali, ed i contadini delle tre prime categorie sono molto diversi, dappoiché dipendono dal tornaconto e dall'avidità di guadagno del fittuario, salve sempre le eccezioni, dacché vi sono anche tra i fittuarii persone che sanno temperare l'utile proprio coi bisogni altrui.

I proprietari della seconda e quarta categoria, salve le dovute eccezioni, conservano rapporti buoni coi contadini, ma in misura inferiore con quelli delle prime tre categorie, cioè, con coloro che fanno da fittaioli, mezzadri, o terraggieri.

Finalmente i proprietari della terza categoria hanno migliori rapporti coi contadini, verso cui mantengono scrupolosamente i patti del contratto di lavoro".

Con la legge sulla soppressione degli Ordini religiosi, del 7 luglio 1866, e con la disposizione sulla liquidazione dell'asse ecclesiastico, i beni degli Ordini religiosi soppressi vengono confiscati, divisi in lotti e venduti. Per quanto riguarda Girgenti, lo storico Calogero Sileci in un suo manoscritto ci rivela che "a tale legge si dà esecuzione in modo brutale.

I monaci vengono obbligati a viva forza ad uscire dai conventi, senza veruna eccezione, neppure per quelli che, vecchissimi, naturali di altri comuni, o ammalati o senza amici o parenti si trovavano. Al baronello Celauro Giovanni, che era Ricevitore del Registro, si consegnavano bruscamente e con alterigia, con minacce disonoranti, gli oggetti tanto sacri che profani, dei quali quelli si trovavano in possesso. Procedeva con assolutismo, ricevuti gli oggetti, li buttava in una bisaccia (...). Si ricevette anche Celauro gli animali dei quali erano provveduti i due conventi dei Cappuccini e di San Vito, oggi il primo convertito in distretto militare e l'altro in carcere.

Gli animali consistenti in mule erano di valore e Celauro se ne appropriò facendoli apprezzare a di lui vantaggio. I reverendi però di San Vito lo ingannarono, avendo di nascosto mandato le mule in Siculiana, ove dal barone Agnello furono permutate in animali di pochissimo conto. Celauro fece casa del diavolo, ma alla fine dovette acchetarsi. La stessa tracotante espoliazione si fece alla monache, le quali furono intimate ad uscire dalle proprie abitazioni.. alle stesse fu accordata una pensione di lire una per quelle che erano sotto gli anni 50 e che non si trovavano affette di malattia cronica, e alle altre di lire 1,50 per ciascuna nell'atto che il Governo, appropriatosi delle loro rendite, si mise in possesso delle entrate assai più vistose dell'assegno alle monache". (56)

Riguardo invece alla vendita dei terreni appartenenti agli enti ecclesiastici agrigentini e incamerati dallo Stato, ecco cosa sostiene il dirigente agrigentino dei Fasci siciliani, Francesco De Luca: "La formazione di una grossa proprietà terriera, libera dai vincoli feudali, e il conseguente impoverimento, sempre crescente, delle popolazioni lavoratrici furono aiutati dalla quotazione del demanio dei Comuni e dello Stato.

Nel 1862 furono distribuiti ai padri di famiglia poveri, e con preferenza ai danneggiati politici, lotti di terreno appartenenti ai Comuni, con l'obbligo della coltura o bonifica e con divieto dell'alienazione per un numero determinato di anni; pel Comune di Girgenti fu di vent'anni.

Essendo i quotisti per lo più poveri, con atti simulati di affitto - gabella - a lunga scadenza vendettero le proprietà a ricchi possidenti, i quali, pagando in una volta l'intero prezzo dei lotti, se li ebbero per un piatto di lenti.

Le leggi del 21 agosto 1862 e del 15 agosto 1867 misero all'asta immobili che lo Stato aveva per ragioni proprie, o che gli erano pervenuti dalla Cassa ecclesiastica e dalla soppressione delle Corporazioni religiose. Tali leggi, se, da un lato, non permettevano l'ammissione all'incanto se non di persone che avessero versato il decimo del prezzo dei lotti; dall'altro, davano diritto all'acquirente di pagare l'ammontare dell'aggiudicazione in lunghissime rate, sino a diciotto anni; beninteso che chi pagava con anticipazione otteneva una diminuzione del debito.

Tutto ciò naturalmente importava che, se i veri proletari non potevano acquistare alcun lotto, i galantuomini - i signori - disponenti di poche migliaia di lire, potevano con pochi baiocchi comprarsi vastissime estensioni di terra.

Né è detto tutto: le persone più influenti o più temute si mettevano d'accordo e allontanavano gli altri concorrenti dall'asta, che o rimaneva con una sola offerta o andava deserta, e ciò onde ottenere diminuzione di prezzi negli incanti successivi; cose queste che ho voluto constatare leggendo molti verbali d'incanto o richiedendone a persone sulla cui sincerità non può nascere dubbio.

Si aggiunga che le terre furono messe all'incanto sul prezzo risultante del vecchio catasto borbonico, che tassava tenuemente gli immobili; e si comprenderà quale immensa ricchezza fu arraffata con pochi denari. E la camorra non finisce qui, ché qualche volta dei campicelli erano rivenduti ai contadini al decuplo del prezzo d'incanto, sicuro il venditore che, o tosto o tardi, i poderi dovevano tornargli in mano per pochi centesimi". (57)

Tutto quello che è detto sopra da De Luca trova una conferma certa nel caso delle terre del Cannatello a Girgenti.

Nel 1868 fu fatto nel capoluogo un elenco dei cittadini poveri ai quali si dovevano distribuire le terre del Cannatello, località a pochi chilometri dalla Valle dei Templi, ma si trattò di un espediente poco proficuo per le ragioni sopra esposte da De Luca. Dopo soli due anni, infatti, questi dovettero soccombere alla sorte comune.

In tal modo grazie a tali operazioni inevitabilmente a Girgenti i poveri diventavano sempre più poveri e i ricchi sempre più ricchi.

NOTE AL CAPITOLO RIVOLUZIONI

1) Archivio di Stato di Napoli, Corte del Parlamento napoletano del 1820-1821, f.50. Citato in Nino Cortese, La prima rivoluzione separatista siciliana, 1820-1821, Napoli, 1951, pp. 266-267

2) G. Picone, Memorie storiche agrigentine, p. 589

3) N. Cortese, La prima rivoluzione separatista siciliana, Napoli, 1951, p. 156. Cita una lettera al Ministro degli Interni di Napoli, datata 3 febbraio 1821, rinvenuta presso l'archivio di Stato di Napoli

4) Cfr. Manoscritto di Calogero Sileci, Confutazione alle Memorie Storiche di Giuseppe Picone, p.19, conservato nella Biblioteca Lucchesiana di Agrigento

5) Cfr. Valentino Labate, Un decen-nio di Carboneria in Sicilia, Roma, 1904

6) Idem, p.142

7) Cfr. S.A. Galluzzo, Il moto del 1820 a Sciacca e l'unione italica dei fratelli barabisti, in AA.VV. "Sciacca Città degna", Sciacca 1986, vol. II, pp.13-62

8) A.S.A. inv.4, fascicolo 226

9) Giuseppe Picone, op. cit, p. 608

10) Gaetano Navarra, Documenti di Gaetano Navarra di Girgenti, Girgenti, 1861

11) Cfr. Domenico De Gregorio, Ottocento ecclesiastico agrigentino, Agrigento, 1966, vol. I

12) Domenico Maria Lo Iacono, Omelia recitata nel Natale del 1847, stampata a Girgenti ma non diffusa perché pochi giorni dopo scoppiò la rivoluzione

13)   G. D'Alessandro, Il 1848 in provincia di Girgenti, Agrigento, 1983, ristampa, p.27

14)   Giornale patriottico, Palermo, febbraio 1848

15)   Gaetano D'Alessandro, Il 1848 in provincia di Girgenti, in "La Siciliana", anno IV, Avola, 1915, p.32

16)   Idem, p.34

17)   Depeches Politiques, I, p. 39, citato in "Gaetano Falzone, Il problema della Sicilia nel 1848 attraverso nuove fonti inedite, Palermo, 1951, p.54

18)   Giornale patriottico, Palermo, 12 febbraio 1848, Palermo, n.21

19)   Vincenzo Cardillo, Il 1848 nella provincia di Agrigento, Agrigento, 1940, p. 63)

20) Francesco Paolo Diana, Girgenti prima del 1860, in "Sicania", Caltanissetta, 1914, anno II, n. 3, pp. 93-94

21) Gaetano D'Alessandro, Il 1848 in provincia di Girgenti, in "La Siciliana", Avola, 1915, n. 3, p. 35

22) Idem, pp. 34-35

23) Gaetano D'Alessandro, Il 1848 nella provincia di Girgenti, in "La Siciliana", Avola, 1915, n. 4, p. 44-45

24) Giovanni Lucifora, Ricordi della rivoluzione siciliana del 1848, in "Memoria della rivoluzione siciliana del 1848 nel cinquantesimo anniversario", cooperativa fra gli operai, Palermo, 1898, vol. I, p.93

25) Pietro Lanza di Scordia, Esposizione documentata della Rivoluzione Siciliana del 1848-49, Palermo, 1898, Documento XX. Citato in "Giovanni Gibilaro, I Borboni

e il Molo di Girgenti, Agrigento, 1988, pp. 421- 422

26) Giuseppe Picone, op. cit., p. 620.

27) A.S.A. inv.4 fasc. 228

28) A.S.A. inv. 4, fasc. 215. rapporto riservato al Signor Intendente sullo spirito pubblico.

29) Cfr. La Rupe Atenea, periodico di Girgenti, Girgenti, anno I, n.5, 1880

30) Luigi Pirandello, Colloqui coi personaggi, Mondadori,

31) Cfr. Luigi Giuliano, Il Comitato mazziniano in Malta, in "La Sicilia nel Risorgimento" anno II, fasc. I, Palermo 1932, pp. 17-24. Vedi anche Mario Chini, Lettere di Giuseppe Mazzini a Giuseppe Riccioli Romano, Palermo 1951, pp. 277-278

32) Monsignor Domenico Maria Lo Jacono vescovo di Girgenti, Omelia di recitata il giorno di Natale, Girgenti, 1848

33) Mons. D. Domenico Maria Lo Jacono, vescovo di Girgenti, Omelia recitata il giorno di Pentecoste, Palermo 1850

34) Cfr. Monsignor Domenico M. Lo Jacono, Due encicliche, Napoli, 1849

35) La Palingenesi, Prefazione, n.1, Girgenti 1858, p.3

36) Giuseppe Cesare Abba, Da Quarto al Faro. Noterelle d'uno dei Mille, edite vent'anni dopo. Bologna, 1880, seconda edizione, pp. 228-229

37) Archivio di Stato di Palermo, Ministero affari di Sicilia, Rapporto dell'Intendente di Caltanissetta del 13 agosto 1859, busta 1234, citato in: Renato Composto, Giornali siciliani nella restaurazione borbonica, Palermo, 1970, p. 172.

38) cfr. R. Grillo, Agrigento e la sua provincia nel 1860, Messina, 1968, pp.13-14

39) Calogero Sileci, op- cit

40) Citato in Francesco Brancato, L'insurrezione siciliana del 1860 nei dispacci dei Consoli di Francia, estratto da "Archivio Storico Siciliano" Palermo, 1962, pp. 184-186. Nostra traduzione dal francese).

41) L'episodio è raccontato da vari storici agrigentini, in particolare da Calogero Ravenna, Girgenti nel Risorgimento italiano, in "Passeggiate agrigentine", Agrigento, 1945

42) Angelo Giudice, Un periodo delle storie di Sicilia dal 1848 al 1860, Girgenti, tipografia Carini, p.283. In nota Giudice indica poi in Gabriele Dara e Domenico Bartoli i "duci dell'impresa" giovani "di

polsi duri, di animo intrepido, d'ingegno raro e cultissimo e in D'Alia e Bruccoleri gli ingeneri incaricati di dirigere "i lavori di approccio"

43) A.S.A. inv. 4, fasc. 236.

44) G. Picone, op. cit. pp 635-636

45) G. Picone, op. cit. p 637)

46) Giuseppe Bruccoleri, Agrigento e la sua provincia negli annali dell'epopea garibaldina e nei mesi che precedettero l'impresa dei Mille, in "AA.VV., L'evento garibaldino nel territorio di Agrigento, Agrigento, 1984, p. 15

47) Idem, p.18

48) Idem p. 19

49) A.S.A. inv. 4 fasc. 326

50) G. Picone, op. cit p. 647

51) N.Giordano, Lettere scelte dal carteggio di Giuseppe Oddo, Firenze, 1926, p.246

52) Atti del consiglio provinciale di Girgenti, Palermo, 1861

53) G.Picone, op. cit. p.648

54) E. Falconcini, Cinque mesi di Prefettura in Sicilia, Firenze, 1863, p. 23

55) Dati riportati in Annali di statica del ministero di agricoltura, industria e commercio, fascicolo LX, pubblicazione del 1896

56) Calogero Sileci, Confutazione alle Memorie Storiche del Picone, manoscritto inedito conservato presso la Biblioteca Lucchesiana di Agrigento

57) Francesco De Luca, I fasci e la questione siciliana, Girgenti, 1894, pp.10-11

Printed in Great Britain
by Amazon